U0923660

斯瑟蒂克胎教真经

夏秀娟 主编

我们坚持以专业精神，科学态度，为您排忧解惑。

中国人口出版社

本书包含斯瑟蒂克胎教方案的全真信息，以及现代胎教理论和方法的全部精华。

——优生优育专家组

目录
CONTENTS

PART 1
斯瑟蒂克真经：聚焦斯瑟蒂克

一个家庭诞生四个“天才” …………………… 16

斯瑟蒂克胎教效果 …………………… 16

有关理论：胎教的历史和发展

一、胎教的起源 …………………… 19

二、胎教的历史 …………………… 19

三、古代胎教的6要素 …………………… 20

四、世界胎教发展概观 …………………… 22

PART 2
斯瑟蒂克真经：发掘胎儿的巨大潜力

斯瑟蒂克夫人的信念 …………………… 26

胎儿具有惊人的能力 …………………… 27

用爱挖掘胎儿蕴藏的巨大潜能 …………………… 30

有关理论：胎教的可行性

一、胎儿大脑的发育 …… 31
二、胎儿具有记忆能力 …… 31
三、胎儿具有学习能力 …… 32
四、胎儿具有五种感觉 …… 33
五、母胎间的信息传递 …… 35

PART 3

斯瑟蒂克真经：他们怎么想起胎教的

丈夫的设想得到赞同 …… 38
从信念开始尝试 …… 39
斯瑟蒂克式胎教法的基本思想 …… 40

有关理论：胎教的作用和效果

一、胎教对智力的影响 …… 41
二、胎教对心理的影响 …… 41
三、胎教对人格的影响 …… 41
四、胎教对性格的影响 …… 42
五、10月胎教的重要性 …… 42
六、胎教不是造就“神童” …… 43
七、受过胎教孩子的特点 …… 44

PART 4

斯瑟蒂克真经：胎教从优孕开始

最佳状态下受精 …… 46
制定妊娠计划 …… 46

优孕须知：充分的孕前准备

一、保持良好胎内环境 …… 48
二、孕前储备营养 …… 49
三、孕前要补充叶酸 …… 50
四、孕前要戒烟戒酒 …… 50
五、加强锻炼有利优孕 …… 51
六、备孕男性的不良习惯 …… 52
七、生活要有规律 …… 53
八、孕前半年准备计划 …… 54

PART 5

斯瑟蒂克真经：制定详细的胎教计划

斯瑟蒂克孕期两分法 …… 58
与胎儿建立情感纽带 …… 61

胎教须知：胎教的种类和方法

一、了解胎教的含义 …………………………… 62
二、科学胎教的内容 …………………………… 62
三、如何科学实施胎教 ………………………… 64
四、胎教应遵循的原则 ………………………… 64
五、什么时候开始胎教 ………………………… 65
六、胎教的十大方法 …………………………… 66
七、其他胎教方式 ……………………………… 69

PART 6

斯瑟蒂克真经：以胎儿为中心安排生活

学习斯瑟蒂克夫妇从生活方式开始改变…… 72
亲人的协助使改变更有效 ……………………… 73
让繁琐变轻松 …………………………………… 74

胎教须知：孕期饮食与日常保健

一、孕期饮食基本要求 ………………………… 75
二、孕期营养胎教要点 …………………………75
三、孕期的运动计划 …………………………… 79
四、孕期洗澡注意事项 ………………………… 81

五、日常生活注意事项 …… 81
六、孕期自我监测 …… 82
七、孕期用药基本原则 …… 85
八、孕期应回避的工作 …… 86
九、孕期“性”福生活 …… 88

PART 7

斯瑟蒂克真经：关键是母亲的情绪和态度

胎儿强大的感知力 …… 90
在好情绪中让胎儿获得安全感 …… 92
爱的期盼是最好的桥梁 …… 93

理论与方法：情绪胎教和意念胎教

一、情绪胎教的作用 …… 94
二、情绪胎教的要点 …… 94
三、摆脱消极情绪 …… 95
四、母亲对胎儿的态度 …… 96
五、意念胎教的作用 …… 97
六、意念胎教实施方法 …… 98
七、想象胎儿的样子 …… 99
八、意念胎教注意事项 …… 100

PART 8

斯瑟蒂克真经：为胎教创造良好的环境

用爱装点自己的家 …… 102

美好的情绪 …… 103

丈夫的理解与宽慰 …… 104

理论与方法：环境胎教和美学胎教

一、环境胎教的作用 …… 105

二、环境胎教的要点 …… 105

三、良好的家居环境 …… 106

四、安全的子宫环境 …… 108

五、美学胎教的三个方面 …… 109

六、大自然美学胎教方法 …… 111

七、艺术美学胎教方法 …… 113

八、形象美学胎教方法 …… 116

PART 9

斯瑟蒂克真经：准爸爸的参与不可缺少

让准爸爸真正参与进来 …… 120

合适的时间与方式 …… 121

带动胎儿的求知欲 …… 122

用正确的语言进行胎教 …… 123

理论与方法：抚触胎教和光照胎教

一、抚触胎教的作用 …… 124
二、抚触胎教的方法 …… 124
三、抚触胎教的注意事项 …… 126
四、光照胎教的方法 …… 126
五、光照胎教的注意事项 …… 127
六、准爸爸配合做胎教 …… 127
七、准爸爸做语言胎教 …… 129
八、准爸爸做情绪胎教 …… 129

PART 10

斯瑟蒂克真经：给胎儿以音乐的熏陶

音乐无处不在 …… 132
正确的音乐使胎教甜蜜而幸福 …… 132
斯瑟蒂克胎教曲目 …… 133

理论与方法：音乐胎教

一、音乐胎教的意义 …… 134
二、音乐胎教的方法 …… 135
三、音乐胎教小道具 …… 136
四、准妈妈音乐与胎儿音乐 …… 137
五、胎教乐曲的效果 …… 137
六、正确选择胎教音乐 …… 138

七、音乐胎教的误区 …… 139
八、挑选适宜的曲目 …… 140
九、优美乐曲赏析 …… 142

PART 11

斯瑟蒂克真经：我是这样给胎儿讲故事的

选择充满幸福与希望的幼儿画册 …… 146
胎教教材不拘一格 …… 147
形象化使胎教更立体 …… 148

理论与方法：语言胎教

一、语言胎教的方法 …… 150
二、语言胎教基本要求 …… 150
三、实施对话胎教的方法 …… 151
四、与宝宝谈话的内容 …… 152
五、教宝宝生活小常识 …… 154
六、教宝宝认识小动物 …… 155
七、和胎儿一起看画册 …… 156
八、给胎宝宝讲故事 …… 157
九、给胎宝宝读童话 …… 160
十、给胎儿读文学作品 …… 164

PART 12 斯瑟蒂克真经：与胎儿共享自然、社会知识

分享生活中的任何事情 …………………… 168
出行以扩大胎儿的学习范围 …………………… 168
不放过小细节 …………………… 170

胎教无定法：生活中处处可以进行胎教

一、日记胎教 …………………… 172
二、瑜伽胎教 …………………… 172
三、清静胎教 …………………… 175
四、英语胎教 …………………… 176
五、千字文胎教 …………………… 177

PART 13 斯瑟蒂克真经：用“闪光卡片”做胎教

制作“闪光卡片”的方法 …………………… 180
用“闪光卡片”教学的要领 …………………… 181
用“闪光卡片”教胎儿英文 …………………… 181
用联想法教胎儿算术 …………………… 182
培养胎儿对图形的认知力 …………………… 184

施教方法：各种卡片的制作和运用

一、用闪光卡片教文字 …………………………… 186
二、用闪光卡片教英文 …………………………… 192
三、用闪光卡片教数字 …………………………… 195
四、用闪光卡片教图形 …………………………… 197

PART 14

斯瑟蒂克真经：一种可增强注意力的呼吸法

稳定情绪、集中注意力 ………………………… 200
呼吸法要正确实施 ……………………………… 200

胎教须知：分娩也是一种胎教

一、分娩对胎教的意义 …………………………… 202
二、临产时的胎教课程 …………………………… 202
三、顺产是最好的胎教 …………………………… 203
四、剖宫产对胎儿不利 …………………………… 203
五、轻松分娩的动作练习 ………………………… 204
六、如何减轻分娩疼痛 …………………………… 205
七、分娩时的呼吸技巧 …………………………… 206

PART 15

斯瑟蒂克真经：出生后如何巩固胎教成果

早教是胎教的延续 …… 208

胎教会带来意想不到的惊喜 …… 210

取经必读：扩大胎教成果的早教

一、胎教与早教的衔接 …… 212

二、新生儿的神奇能力 …… 212

三、新生儿潜能早教课 …… 214

四、与宝宝多交流 …… 215

五、影响宝宝智力的因素 …… 216

六、幼儿成长七大早教法 …… 217

七、幼儿智力开发误区 …… 221

斯瑟蒂克家庭成员

实子·斯瑟蒂克，斯瑟蒂克夫人，生于日本琦玉县，毕业于一所极普通的学校。

约瑟夫·斯瑟蒂克，高中毕业，从事机械工作的普通技术人员。

大女儿苏珊，10岁时高分考入SAT大学，14岁时获得学士学位。

二女儿斯蒂茜，13岁时在芝加哥的曼达雷茵大学读二年级。

三女儿斯蒂芬妮，11岁时就上高中三年级。

小女儿吉安娜，9岁已上初中三年级了。

斯瑟蒂克真经：

聚焦斯瑟蒂克

有关理论：

胎教的历史和发展

斯瑟蒂克真经：聚焦斯瑟蒂克

一个家庭诞生四个“天才”

斯瑟蒂克夫妇是美国一对普通的夫妇，他们的文化程度都不高，但却培养出四个高智商的“天才”。四个孩子分别是：大女儿苏珊，二女儿斯蒂茜，三女儿斯蒂芬妮和小女儿吉安娜，她们的智商都在160以上。

智商（IQ，Intelligence Quotient的简称），就是智力商数，通常叫智慧，也叫智能，是人们认识客观事物并运用知识解决实际问题的能力。

智商计算公式是：IQ＝100×MA/CA（MA＝心智年龄，CA＝生理年龄）

人们发现智商极高（IQ在130分以上）和智商极低的人（IQ在70分以下）均为少数，智力中等或接近中等（IQ在80～120分）之间者约占全部人口的80％。通常智商达到140就被认为是“天才”。

斯瑟蒂克夫妇的孩子智商都在160以上，四个全都被列入占全美5％的高智商者的“天才”行列。对此，美国权威组织“MESA”的心理学家阿彼·撒鲁妮女士曾这样评论道：“一个家庭诞生四个天才儿童，这样的例子是极少的，其概率要用天文数字来表示。”

斯瑟蒂克胎教效果

实子·斯瑟蒂克，1945年生于日本琦玉县，毕业于一所极普通的学校——日本东洋短期大学英文专业，毕业后只教过英语初级会话。丈夫约瑟夫·斯瑟蒂克高中毕业，也只是从事机械工作的普通技术人员。夫妇俩的智商都在120左右。因此，斯瑟蒂克夫人认为以上奇迹的发生是因为孩子在胎内时就被施加了某种能力，即进行胎教的结果。现在仅以苏珊的发育标准同一般幼儿相比较，就可以清楚地看到胎教所取得的惊人成果。

斯瑟蒂克夫人说：在苏珊出生后的两个星期，她就能讲单词，第三个月就能讲句子，长到1岁6个月的时候，就能读高中的教科书。

其实，这些都只是表象，并非真正意义上的掌握。讲单词、讲句子，可能是孩子模糊发音正好与词句的语音相近。读高中教课书估计是看书中的图画。但斯瑟蒂克夫人积极地理解，用正面的能量推进孩子的教育进程，这也是值得借鉴的真经。

在苏珊很小的时候，斯瑟蒂克夫妇就没有把她当成什么也不懂的婴儿而对她讲婴儿语言，总是像对成人一样对她讲话。5岁时，她接受了加利福尼亚SOI的迈阿里·弥克博士主持的智力测试，智商达到170以上，阅读力、运算力、理解力、记忆力、判断力、表达力都在标准之上。此外，她在情绪方面的各种测验成绩也很优秀。

正因为苏珊有这样的能力，她从幼儿园一下子就升到了初级学校九年级(约为中国的初三)。10岁时接受了SAT大学入学资格考试，取得了接近满分的好成绩，成为了全美最小的大学生。14岁时获得学士学位。16岁时已是芝加哥伊利诺斯大学医学院二年级的学生。苏珊惊人的胎教结果见表1。

表中的能力看起来难以置信，其实只是行为表现，并非具备真正的能力。例如，1岁能弹风琴和钢琴，显然是指孩子把琴按出声；同理，1岁能读初中水平的书、1岁半能读高中水平的书，也只是拿在手里阅，而非读。至于3岁多会下国际象棋则是可信的，我就见过4岁多的孩子玩“斗地主”。至于5岁上9年级，的确很了不起，不过美国的课程比中国简单。

苏珊的三个妹妹也都是在出生后2～3个星期就开始讲话的，也具有和苏珊相似的能力。斯蒂茜13岁时在芝加哥的曼达雷茵大学读二年级，斯蒂芬妮11岁时就上高中三年级，幺妹吉安娜9岁，也上初中三年级了。

四个孩子都是天才儿童这种情况，用遗传来解释是根本不可能的。斯瑟蒂克夫人是日本人，丈夫约瑟夫是美国人，在斯瑟蒂克夫人和她的丈夫的祖辈中不曾出现过伟人，她们夫妇俩也是平凡人。斯瑟蒂克夫妇俩都是成长于普通的家庭，受的是一般教育，过的是极平常的生活。

表1　大女儿苏珊惊人的胎教结果

年龄	苏　珊		一般幼儿发育标准
	学习内容	生活情况	
2周	讲单词"奶"、"妈妈"	一逗就笑	
1个月		会玩哗啷棒和使用奶嘴	几乎全天睡觉，眼睛开始看见东西
2个月	会说两个词的句子 英语、日语词汇增加	会坐	一逗就笑 能辨认出声音的方向
5个月		会爬 会用便盆儿	能发出呢喃的声、摇哗啷棒、扶着能坐
6个月	用彩笔画圆和方形 会玩拼图		开始认生
7个月	能认字		会坐
8个月		开始走路	能爬
10个月			能说"马"、"妈妈"等词
1岁	能读初中水平的书	能弹风琴和钢琴	能扶着走路
1岁半	能读高中水平的书		用彩笔画线 会使用拟声词10个左右
2岁		会吹口琴	会跑，说自己的名字 会说两个词的句子
3岁	掌握代数、会下国际象棋		会搭积木、认识3以下的数字、会说长句子
5岁	测试结果智商在160以上 成为初等学校九年级学生（高一）		上幼儿园
7岁		学习小提琴、长笛	上小学
10岁	通过SAT大学资格考试 进入俄亥俄州立大学		

有关理论：胎教的历史和发展

一、胎教的起源

胎教的发源地是东方文明大国中国。许多中国古籍中均有关于胎教的记载。例如，早在2000多年前的医书《黄帝内经》中，就有关于“胎病”的论述。

到了汉代，各种医籍中出现了大量有关胎教内容的记载和论述，初步形成了胎教学说，并且实施。虽然希腊学者亚里士多德提到过胎教观点，但未形成学说。胎教起源于中国，已得到世界各国学者的承认。早在1987年，日本幼儿开发理事会的多名教授组成的访问团来中国访问期间，在北京的报告会上，就谈到胎教在中国汉代已流传起来。

二、胎教的历史

胎教的思想起源于中国，并且各国也普遍认为中国是胎教的发源地。在我国古代的典籍中，有关胎教的论述颇多。

孟子之母曾说过：“吾怀孕是子，席不正不坐，割不正不食，胎教之也。”

西汉的刘向在《列女传》中记有：“古者妇人妊子，寝不侧，坐不边，立不跸，不食邪味。割不正不食，席不正不坐，目不视于邪色，耳不听于淫声，夜则令瞽诵诗，道正事。如此，则生子形容端正，才德必过人矣。故妊子之时，必慎所感，感于善则善，感于恶则恶，人生而肖万物者，皆其母感于物，故形音肖之。文王母可谓知肖化矣。”

西汉初年的贾谊在《新书·胎教》中记有：“周妃后妊成王于身，立而不跛，坐而不差，笑而不諠，独处不倨，虽怒不骂，胎教之谓也”。

《医心方·求子》中的胎教之道记述的更为详尽：“凡女子怀孕之后，须行善事，勿视恶声，勿听恶语，省淫语，勿咒诅，勿骂詈，勿惊恐，勿劳倦，勿妄语，勿忧愁，勿食生冷醋滑热食，勿乘车马，勿登高，勿临深，勿下坂，勿急行，勿服饵，勿针灸，皆须端心正念，常听经书，遂令男女，如是聪明，智慧，忠真，贞良，所谓胎教是也。”

隋代的巢元方在《诸病源候论·妊

娠候》中记有“子欲端正庄严，常口谈正言，身行正事”，提出外象内感的胎教理论。

《源经训诂》中记有“目不视恶色，耳不听淫声，口不出乱言，不食邪味，常行忠孝友爱、兹良之事，则生子聪明，才智德贤过人也”。

唐代的大医学家孙思邈在《备急千金要方·养胎》一书中记有“调心神，和惰性，节嗜欲，庶事清静”，并阐明了逐月养胎法。

宋代医学家陈自明的《妇人大全良方·总论》中记有“立胎教，能令人生良善、长寿、忠效、仁义、聪明、无疾，盍须十月好景象”，“欲子美好，玩白璧，观孔雀”。

清代末年的改良派代表人物康有为在他的《大同书》中提出创建“人本院”即“胎教院”的主张。

中华民国初年的著名教育家蔡元培在《蔡元培选集·美育实施的方法》中也提出设立“胎教院”的建议。

综观以上所述，可见中国很早便已经注意到优生、优育、优教的重要性。一些有识之士早就有关于胎儿生活在母腹中时能够接受准妈妈言行感化的朴素认识，已经认识到人的情感活动可以影响脏腑气血功能，并通过母体传递给胎儿，并提出各种主张，预防疾病的发生，避免影响胎儿的正常发育。

三、古代胎教的6要素

古人所说的胎教，是指母体在妊娠期间为给胎儿创造一个良好的胎内环境而采取的有关精神、饮食、生活起居等方面的措施，以使母子的身心都能得到健康的发展。古代胎教的主要内容包括6个方面：

1 调情志

妊娠是女性生理上经历的一个特殊过程，在此期间，孕妇不仅在生理上发生着一系列的变化，心理上也会发生相应的反应，这种心理反应的集中体现就是孕妇情绪的变化。医学认为，胎借母气以生，呼吸相通，喜怒相应，若有所逆，即致子疾。

古人认为：凡有孕之妇，宜情志舒畅，遇事乐观，喜、狂、悲、思皆可使气血失和而影响胎儿，这就是说，孕妇在怀孕期间要时刻保持平稳舒畅的心情，及时消除烦恼，遇事不要大动肝火，因为这样会导致气不顺，气不顺则孕胎不安，若长久气不顺，孕胎必受影响。《傅青主女科》中也有“大怒小产”的论述。

2 节房事

房事，是指夫妻的性生活。虽然房事为受孕怀胎提供了必要的条件，但受孕之后，则须节制房事。

《产孕集》对此论述道："怀孕之后，首忌交合"。也就是说，怀孕以后，首先要禁房事。当然现在医学观点认为，并不是整个怀孕期间都不能进行夫妻性生活，但是怀孕初期和晚期以不进行性生活为宜。

3 节饮食

胎儿的营养来源于准妈妈，而准妈妈的营养来源于饮食，所以准妈妈的饮食对胎儿的生长发育有着直接的影响。

《万氏女科》中记有："妇人受胎之后，最宜忌饱食，淡滋味，避寒暑，常得清纯平和之气以养其胎，则胎之完固，生子无疾。"这就是说，孕妇的饮食要讲求节制，既不能少食，又不能过食，特别不能饥一顿饱一顿，甚至暴饮暴食。孕妇只有节饮食，多吃清淡平和的食物才有助于养胎，孕妇若饮食失节，饥饱无度，嗜食重味，则易导致消化功能失常，影响胎儿发育。

4 适劳逸

按照中国传统医学的说法，人禀气血以生，胎赖气血以养，太逸则气滞，太劳则气衰。若劳逸失宜，举止无常，攀高负重，则会导致其胎心坠，甚而导致难产。

因此，怀孕之后要有适宜的运动，使血液循环畅通，若好逸恶劳，好静恶动，贪卧养娇，使气血不畅，易致难产。正确的做法大致为孕期前5个月稍逸，后5个月小劳。

5 慎寒温

寒温是指自然界气候的冷热变化。怀孕以后，由于生理上发生了特殊变化，孕妇极易受风、寒、暑、温、燥、火的侵袭，尤其是遭受风寒侵袭之后，易感染疾病，重则危及胎儿的生命。

因此，准妈妈应该注重怀孕期间的健康保护，慎起居，适寒温，对孕育一个健康的胎儿尤为重要。

6 戒生冷

一般来说，怀孕以后，孕妇由于生理上的变化往往口味不佳，尤其喜欢吃一些生冷的食物，中医认为这是由于怀孕后阴血下注以养胎儿，致阴血偏虚、阳气偏旺所致。殊不知，孕妇若贪恋生冷，便会导致脾胃受寒、呕吐、腹泻、痢疾等病症，既伤孕妇之身，又伤胎儿，不可不慎。

四、世界胎教发展概观

自20世纪50年代起，科学技术突飞猛进，先进医学仪器的发明和使用，使人们越来越了解胎儿在子宫内的生长发育和活动情况，人们能观察到胎儿对各种刺激的反应。随着人们对“优生”工作的日益重视，20世纪70年代，胎教研究的热潮在不少国家蓬勃兴起。

中国

中国自20世纪80年代中期以来，各地先后开展了胎教的研究和实践，从而更加有力地证实了胎教的作用。

北京天坛医院妇产科医师自1985年起研究胎儿对音响和光照的应答反应，得出结论是：妊娠16～20周的胎儿对音响无应答反应；妊娠21～32周的胎儿对音响有不同程度的应答反应，主要表现为胎心增快、胎动次数增加。妊娠中期（13～28周）的胎儿接受光照后胎心变化不大，但胎动频繁，并可出现膈肌痉挛。对曾接受胎教的儿童进行随访发现，孩子们爱唱爱跳的比例与对照组儿童有明显差异，智商均值虽与对照组无显著差异，但高分组中胎教儿童占绝大多数。

1985年，广东省计划生育研究所报道了噪音对子代的影响：生活在高噪音(>90分贝)与低噪音(<90分贝)两种不同环境中的孕妇，高噪音组子代的智力低下与先天性缺陷明显高于低噪音组。

1991年，重庆市新桥医院妇产科对113例足月单胎的孕妇使用人工电子喉紧贴孕妇腹壁胎动处刺激。结果表明：原来用胎儿监护仪做非应激试验（NST），需要20分钟胎儿才有反应，而使用人工电子喉紧贴孕妇腹壁刺激胎动，93.8％的孕妇在第一次声音刺激后，10秒钟即感到胎动。声音刺激会引起胎儿全身阵发性运动，包括眨眼、转头、屈臂等，较自发的胎动强而有力。研究者认为，由声音引起的胎动感觉是有效的，说明胎儿听得见外界的声音。

北京医科大学医学心理教研室、内蒙古医学院心理卫生研究室都进行了胎儿早期教育的研究。结果表明：20周的胎儿即可形成条件反射，具有一定的学习能力。因此，经过早期干预可以提高胎儿身心素质水平，促进多种心理潜能的发展，胎儿期的听觉训练对胎儿出生后的早期语言训练具有积极的先导作用。

深圳市儿童医院对接受过胎教的婴儿分别于出生后43～120天做智能测试，与对照组相比，其智商（IQ）值、能力（包括粗动作、细动作和生活能力）及智力（包括反应、理解和说话能力）的评分均明显高于对照组。

2 日本

重视胎教的国家首推日本。日本的胎教可追溯到江户时代（1603年～1867年）。

到了20世纪70年代，日本一些医学专家、教育学专家借助现代技术和先进仪器设备，从胎儿医学和教育心理学、超前教育学几方面，重新探索了胎教的科学根据和施教方法。目前日本已成为世界上宣传实施胎教最为积极的国家。日本有许多专家学者都投入到胎教科学研究活动中，特别是一些著名的产科教授、小儿科教授，他们做了一系列的实验，从孕妇的体内传声到强光照射，从通过准妈妈腹壁对胎儿的刺激，到用胎儿镜直接碰触胎儿的手脚等，并利用B超设备直接观察和记录胎儿的听觉、视觉与触觉反应。

科学实验证明：5个月以后的正常胎儿可以听到外界传入子宫的声音；可以看见外面透入子宫和经羊膜镜直接进入子宫的光线，从而引起胎儿闭眼等动作。这些科学实验与记录让人们大开眼界，使科学家们进一步产生了设法观测、判断胎儿有无学习能力和记忆认知表现的兴趣。

日本医学专家室冈一先生证明了母体外的声音确实能传到胎儿耳朵。他把子宫内胎儿听到的声音——准妈妈的心音和血液流动声用录音机录下来，让刚出生的婴儿听，婴儿会感到安心而停止哭泣。这种现象不仅表明了母体外的声音能传到胎儿的耳朵，而且也说明了胎儿在母体内有了一定的学习和记忆能力。

日本厚生省（相当我国的卫生部）的母子相互作用研究班对出生3天的婴儿进行分辨准妈妈声音的实验。结果证实，出生3天的婴儿能分辨准妈妈的声音。

归纳起来，日本的胎教研究主要分三路。第一路是专门实验和记录母体内的胎儿在受到外界各种刺激（包括声、光和碰触刺激）后的反应，如胎心、胎动的变化及眨眼和握手反应等，证明了胎儿在母体内是一个有感知、有反应的生命体，为胎教提供了出生前的胎儿已经是一个完整的活人施教对象的理论依据。第二路是研究外界声音传入子宫内的实验，为胎教中将语音和音乐传给胎儿提供了直接可靠的实验根据。第三路则是推广与开发的实践活动，参加这方面工作的不仅有科学家、医学家、教育学家，而且还有遍布日本全国的热心于幼儿智力开发的各种专业人才。

日本国内的一些专家不但参与科学胎教的实验研究，而且还奔赴世界各国观摩学习，接触那些国家的智力超常儿，观察和测试他们的智力水平，这对促进世界性的胎教研究工作起到了很大的推动作用。

3 美国

美国加州大学医学院的妇产科专家凡德卡教授于1977年创办了一所专门对孕妇进行胎教指导的学校。他设计了一套胎教方案，通过系统地对胎儿讲话、播放音乐，适当地抚摸、拍打孕妇腹部的一定部位等，促进胎儿听觉和触觉神经发育。他还主张准爸爸参加胎教活动，这样既可以密切夫妻间的关系，又可以促使胎儿出生后变得聪明，能较快认识爸妈，更易于新生儿理解语言和数字。

美国费城的一个生理研究所，通过对200多名受过胎教的4～7岁儿童的调查发现，受胎教的儿童比没受胎教的对照组儿童智商要高20%～45%。

4 英国

英国研究人员发现，妊娠30周后，胎儿对外界声音有明显反应，一听到音乐，胎儿心率就会加快，而且随着妊娠月数的增加，胎儿趋于成熟时（35周以后），其对80分贝或更高的声音反应较大（人的一般讲话声音为70分贝）。当音频在2000～3500赫兹时，也能使胎儿产生这种反应（正常人的听觉范围是20～2000赫兹）。

这说明胎儿的听觉优于正常人。胎儿能听到超过2000赫兹的高频音，很可能是由于周围的环境，即羊水和生物膜，吸收了部分声音。

5 西班牙

西班牙萨拉戈萨省胎儿教育研究中心以“腹中胎儿的大脑功能会被强化吗”为中心课题进行试验和研究。他们成立了一个西班牙超智儿童协会，孕妇在协会的具体指导下，给胎儿播放优美动听的乐曲，增强胎儿的听觉识别能力，改善其大脑功能水平，促进其感官发育。孩子出生后至3岁，专家们继续对他们施以相应的激励措施。经过该所培养的儿童，有一些智力超常儿脱颖而出。

6 瑞士

瑞士著名心理学家皮亚杰认为，胎儿生理和心理发展深受环境的影响。胎儿在母体内是动态机体的一部分，母体与环境的关系所产生的各种作用，不管同化作用还是调节作用，都直接影响胎儿的发育和成熟。胎儿具有感受能力并接受胎教，实际上是同化作用和调节作用的综合结果。当胎儿的听觉功能接触音乐和语言环境时，音乐和语言的生理功能得到强化，音乐和语言成为胎儿的心理素质。

斯瑟蒂克真经:

发掘胎儿的巨大潜力

有关理论:

胎教的可行性

斯瑟蒂克真经：发掘胎儿的巨大潜力

斯瑟蒂克夫人的信念

斯瑟蒂克夫人对胎教的历史比较关注。她经常介绍中国儒学典籍之一《小学》中的一段记载：

“妇人妊子，寝不侧，坐不边，立不跸，不食邪味，割不正不食，席不正不坐，目不视于邪色，耳不听于淫声，夜则令瞽诵诗，道正事。如此则生子形容端正，其才过人。”

斯瑟蒂克夫人回忆起她在日本的时候，曾听祖母说起过一些有关胎教的古老传说，比如“看到着火了，就会生有红痣的孩子”，“伸手去高处取东西，脐带就会缠在胎儿的脖子上”，“打扫厕所就能生干净的孩子”等等。

这些古老传说虽然未必有科学依据，但对实子的影响是很深远的。应该说，这些传说很早就在她心里播下了胎教的种子。

斯瑟蒂克夫人说当她开始对胎教有所认识，并准备付诸实践的过程中，她领会到古老传说中其实蕴含着许多有益的暗示：当孩子还在准妈妈腹中的时候，准妈妈的无论在健康方面、精神方面、抑或平时的行动方面，都应该特别注意，因为准妈妈在生活中的任何行为都将给孩子带来极大的影响。

“看见着火了，就会生有红痣的孩子”，是说当准妈妈感到恐惧时，会给胎儿带来某种身体的障碍；“伸手去高处取东西……”，是说那样做太危险、容易摔倒；“打扫厕所……”，则是说要适度运动和美化生活环

境，只有强健了腹肌，才能更加顺利地分娩，这对胎儿是有好处的。斯瑟蒂克夫人以一个准妈妈的身份这样来理解。

由于这些说法听起来都带有一种很浓厚的迷信色彩，因此，在过去人们能够半信半疑地接受。但到了今天，人们都愿意相信科学，对于理论上没有得到证实的东西就很难相信了，所以那些古老的说法也就渐渐地被人们淡忘了。

除了上述原因外，还有人认为，在分娩时由于会受到精神上的刺激，所以孩子在胎内所具备的所有天赋将会丧失殆尽。也有人说，难产程度越高，孩子这种天赋的丧失就越多。这两种说法的实质，都是认为胎教尤其是让胎儿学习这一点是毫无意义的，它阻碍着人们实施胎教。

因此，在斯瑟蒂克夫妇刚开始对苏珊实施“胎教”时，周围的人们都是持批评态度的。一些人用怪异的眼光看他们，一些人甚至根本就对此嗤之以鼻。斯瑟蒂克夫人说，虽然她相信对孩子进行胎教是件很有意义的事情，但是由于无法预测到胎教的结果，所以也不敢对别人说。

胎儿具有惊人的能力

准妈妈斯瑟蒂克夫人，开始是凭着一股信念和自己对胎教的极高悟性进行胎教的。

随着苏珊和另外3个女儿的出生，斯瑟蒂克夫人的信念得到了证实，那就是如果采用胎儿容易接受的胎教法进行教育的话，孩子一出生就具有很高的素养，而这些素养能使孩子很快学会各种本领。

苏珊和她的3个妹妹出生以后，不管斯瑟蒂克夫妇教她们什么知识，她们都能很快掌握，好像这些知识都在唤醒她们在母腹中的记忆。斯瑟蒂克夫人说这无论是对于她们夫妇俩，还是对于今后的胎儿医学或出生前心理学，无疑都是一大新发现。

换句话来说，事实已告诉斯瑟蒂克夫妇和我们，迄今为止，我们都忽视了胎儿所蕴藏的能力。

胎儿具有惊人的能力。为开发这一能力而施行的胎内教育、胎儿教育，近年来无论是在美国还是在日本，都已成为一个崭新的领域，人们对此进行了种种研究，并且取得了许多具有划时代意义的成果。

斯瑟蒂克夫人向我们讲述她曾经读过捷克斯洛伐克精神科医生斯塔尼斯拉夫古洛夫写的一本很有意思的书。书中讲到一个男子在吃了某种药物后，能回忆起自己在母腹中的情况，他在回忆时说："我感觉到母亲的心脏带着清晰悦耳的声音，在一下一下地搏动，这时我听到很多人的笑声，喊叫声，还听到小号的吹奏声……"

医学博士听完这位男子的话，半信半疑，为了知道他为什么会有这样的记忆，博士去询问他的母亲，结果才知道这样一件令人吃惊的事情：那位男子的母亲在生他前，曾听说参加狂欢节一类的活动能使分娩提前，因此，男子的母亲在妊娠期间曾多次参加过那样的活动。

不要认为这件事情只不过是博士诊病过程中的偶然例子，而把它当做奇谈怪论付之一笑。这样的例子确实少见，但胎儿具有记忆的能力由此可见一斑，当然在不同的程度上能力还是有差别的。

还有一个故事，这是巴黎医科大学阿鲁夫勒·德托·马提斯教授在报告中讲过的。有一次，教授给一位名叫欧蒂鲁的4岁女孩进行治疗，她患有很严重的自闭症，总是缄口不言，根本不听别人说的话。在治疗了一个月左右时，教授改用英语对她讲话，她的自闭症竟然治愈了。

让教授和孩子的家长都感到不解的是，在小女孩的家里谁也不讲英语，她究竟是在哪里学的呢？终于有一天，教授在与她母亲的一次谈话中找到了答案。

原来，女孩的母亲在怀她的时候，曾在一家贸易公司工作了很长一段时间，该公司的所有员工都讲英语。也就是说，欧蒂鲁在母腹中经常听到

母亲和周围的人讲英语，所以出生后听到法语反而感到很不习惯，换句话说，欧蒂鲁在胎内就已经具有英语素养了。

美国一个医学家在某次报告中讲：给正在哭泣的婴儿听事先录好的母亲心跳的声音，婴儿马上就会停止哭泣，还有的婴儿听了以后，会显出安心的样子，而且体重的增长也比别的孩子快得多。

很多母亲在抱孩子的时候，总习惯抱在左臂弯里。这与上述报告里讲的情况也是有关系的，因为婴儿在被抱在左臂弯里的时候能听到母亲的心音，这就使婴儿回想起在母腹中的幸福时刻，因而充满了安全感。

美国华盛顿大学精神科的学者们曾做过这样一个实验，在母猴分娩后即把母猴和小猴分别放在不同的笼子里，过了300天后，再把小猴放入一群母猴中，结果发现，小猴会很自然地走到自己的母亲身边去。这也许是小猴在胎内就已经记住了母猴声音的缘故吧。

其实，人也同样如此。比如孩子出生时就已经记住了母亲的声音，很多母亲都会有同感。在孩子刚生下来，眼睛还看不见什么东西的时候，来祝贺的亲朋好友都会交口称赞：“瞧，这孩子多可爱！”这时孩子表现出的态度会告诉我们：这不是妈妈的声音。

但如果母亲对他说话，他就会马上把头转向母亲并手舞足蹈。也就是说，他对母亲的声音比其他任何声音、动静都敏感，这是因为婴儿在母腹中就听惯了母亲的声音，并且已经记住了母亲的声音。

由上述几例可见，胎儿在母腹中感觉到的、听到的事情，都会深深地铭记在他们的脑子里。

用爱挖掘胎儿蕴藏的巨大潜能

现在很多即将做母亲的人，往往只是考虑怎样饮食，怎样才能保持营养吸收平衡，怎样使自己不患病，不使身体过分疲劳。对此，斯瑟蒂克夫人说她感到很遗憾。

她认为，作为孕妇，如果在怀孕的这一重要时期无所作为，那是非常可惜的事情。

当今科学告诉我们：人的大脑能力仅有3%～4%被使用了，为了开发那蕴藏着而又未被使用的能力，难道我们不应该把一切可能性——也许是超越以往人们所想象的可能性，寄托在胎儿身上吗?

大家也许会认为要取得像他们这样惊人的胎教成绩是非常困难的，认为他们一定是有什么秘诀。而事实上，他们并没有做什么特别的事情。他们所做的事情，无论是谁，只要想做就都能做得到。它简便易行，实施时既不需要什么特别的专业知识，也不需要任何专门器械，在每个家庭中都可以进行。

如果一定要找到他们和其他人的区别的话，那就是：他们的意识中总离不开孩子，生活也是以孩子为中心，对胎儿所具有的能力寄予极大的关心，并希望这种能力能给孩子的人生带来幸福和希望，而且不惜为此花费时间、精力和付出满腔的爱。

斯瑟蒂克夫人送给每一位下定决心进行胎教的准爸爸准妈妈一句话，那就是：“每时每刻把深深的爱倾注在你腹中的胎儿身上吧！”

有关理论：胎教的可行性

一、胎儿大脑的发育

人脑的发育分两大时期。第一时期是脑细胞分裂时期，这个时期持续到胎儿出生时止。人从出生的那一时起，就决定了其一生的脑细胞的数量，此后只减不增。第二个时期是由出生到3岁，连接各脑细胞的神经纤维就像是把140亿个电话机用电话线连接的作业。由此我们可以看出，出生前实施胎教，可以生育出聪明的孩子，出生后继续进行早期教育和智力开发，可以培育出天才儿童。

因为胎儿大脑在受孕25天时就开始发育，外胚细胞就形成了神经管，这是脑发育的起点。妊娠第2个月，脑的外部结构和内部结构发生了变化。妊娠第4个月，脑的大脑皮层开始萌芽，这之后大脑皮层上产生的沟回就代表了人的智慧。妊娠第5个月，大脑皮层长成。妊娠第6个月，大脑皮层形成分层和划分出不同区域，但在此之前大脑皮层还是光滑的。妊娠第7个月，大脑皮层上出现了皱褶，皱褶的萌生代表了人的智慧的萌生。妊娠第8个月，大脑体积明显增大，大脑的结构进一步复杂化。到了妊娠第9个月，大脑差不多具备了所有的沟和回。

通过大脑的发育，不难看出，实施胎教从受孕第1个月就可以开始了。大脑从一开始形成期，就应该给予充分的营养和适当的信息来诱导发育。从妊娠第4个月，也就是大脑皮层形成之时，胎教就该进入正规训练阶段。适宜地诱导，积极的开发，大脑越发育，大脑皮层的沟回相应地也就会越多，孩子也就越加聪明。

二、胎儿具有记忆能力

记忆是思维活动的一种形式，有人认为，从妊娠第4个月开始，胎儿的大脑中已经偶尔会出现记忆的痕迹；也有人认为，8个月以前的胎儿有可能具备记忆功能，同时又认为记忆能力从胎儿期就已经开始萌芽。目前科学界普遍认为，胎儿具有记忆能力，而且这种能力还将随着胎龄的增加而逐渐增强。

研究结果表明，胎儿对外界有意识的激励行为的感知体验，将会长期保留在记忆中，并对其未来的个性、体能和智能产生一定程度的影响。

曾有几个有趣的例子：加拿大密顿乐团的指挥鲍里斯在一次演奏时，一支从未见过的曲子突然在脑海里出现，而且感到十分熟悉和亲切，这使他迷惑不解。后经了解，原来他的母亲曾是一位职业大提琴演奏家，在怀鲍里斯时曾多次练习、演奏过这支曲子。

一位名叫海伦的女性只要给她腹中7个月的胎儿唱一支摇篮曲，孩子就会立即安静下来。这些例子都无可辩驳地说明了一个问题：胎儿具有一定的记忆能力。

还有人做过这样的实验：在医院产科的婴儿室里播放母亲子宫血流及心脏搏动声音的录音，发现正在哭泣的新生儿很快就会安静下来，情绪稳定，饮食、睡眠情况也良好，而且体重增加迅速。这是因为胎儿在母亲的子宫中早已熟悉母亲的心音，一听到这种声音就感到安全和亲切。

胎儿既然具有记忆能力，那么准妈妈就应设法开发胎儿的记忆力，把良好的、积极的、健康的、真善美的信息及时地传递给胎儿，让胎儿输入脑子里，受用一生。

三、胎儿具有学习能力

人们都说婴儿是一张白纸，这种说法是不正确的。人们发现，婴儿从出生第1天起就能辨认出母亲的声音，而且对这种声音表现出极大的兴趣。

其实，早在胎儿时期这张白纸上就已经开始描绘图画了。

深居“宫”中的小宝宝伸出小脚来探测胎盘，“这是什么东西？”经过几个回合的研究，他终于放心了，确认这是一个柔软、安全的物品；一转身，他的手又碰到了漂浮在旁边的脐带，“这又是什么东西？”很快，脐带就成了胎儿的玩具，一有机会便抓过来玩弄几下；对于包围着他的羊水，小宝宝更是潜心研究，不时地吞咽几口品尝一下；母亲子宫的血流声、肠道的蠕动声以及心跳的搏动声，对于它来说无异于一首美妙动听的曲子，统统被收入大脑，储存进记忆系统，以致出生后依然恋恋不忘；对于外界传入的音乐声，胎儿也颇感兴趣，转动头部，让耳朵贴近外部世界认真倾听。久而久之，一旦这种声音传来，胎儿就会产生一连串的反应动作。这一切都说明，子宫内的小生命具有学习能力，他将利用一切可能的机会抓紧学习。他学习呼吸、学习吞咽、学习吮吸、学习运动……并且能够通过母

亲传递过来的信息揣摩着母亲的心绪，感受着母子间的心理感应。

鉴于胎儿这种潜在的学习能力，母亲在妊娠期间，尤其是孕后期应强化与胎儿的交流，及时施行胎教，通过各种可能的渠道，使胎儿接受有益的刺激，获得良好的胎内教育。

四、胎儿具有五种感觉

生理学家的研究证实，胎儿具有五种感觉，即：视觉、触觉、听觉、味觉和嗅觉。正是由于胎儿具有了这五种感觉，才使得胎教可行。不要小视胎儿的“五感”能力，这是人类脑的认知活动、创造、思维、理解力以及语言等发展的基础，因此特别重要。

1 胎儿的视觉

胎儿的视觉比其他的感觉发育缓慢。其原因是显而易见的，即子宫虽说不是漆黑一片，但也不适合用眼睛看东西。实际上，胎儿的视觉在妊娠第13周就已形成，但胎儿并不能看见东西，也许他还不知道有可见的东西存在，胎儿在妊娠25周前和32周之后，从不愿睁开眼睛。这时，胎儿所能看到的，也仅仅是一片红色的光芒和桔黄色的阴影下的母亲体浆在运动。

虽然胎儿看不见，但胎儿对光却很敏感，母亲进行日光浴时，胎儿就可以通过光线强弱的变化感觉出来。在妊娠第4个月时，胎儿对光就有反应，用胎儿镜观察发现，当胎儿入睡或有体位改变时，胎儿的眼睛也在活动。怀孕后期如果将光送入子宫内，胎儿的眼球活动次数增加，多次强光照射，胎儿会安静下来。而且从脑电图还可以看出脑对光的照射能产生反应。对母亲腹部直接进行光线照射，有时会使胎儿感到不安。现代医学利用B型超声仪器观察发现，用电光一闪一灭地照射孕妇腹部，胎儿的心搏数会出现剧烈变化。

2 胎儿的触觉

相对视觉而言，胎儿的触觉发育要早一些。在胎儿还很小时，胎儿就能在羊膜内滑动。等到胎儿长大一些，隔着母体触摸胎儿的头、臀部和身体的其他部位，胎儿就会做出相应的反应。医学家用内窥镜观察到，如果用一根小棍触动胎儿的手心，胎儿的手指会握紧；如果碰足底，脚趾就会动弹，胎儿的膝和髋也可以曲动，有时连小嘴巴也能张开。

在孕早期，如果胎儿的手触及到嘴，胎儿的头就会歪向一侧，张开口。胎儿长大时就不同了，胎儿会把手伸到嘴里去吮吸，也会抓住脐带往嘴边送，这些动作使胎儿感到很快乐。从中我们看到，胎儿在出生之前，已经是个运动“健将”了。运动胎教正是由于胎儿有了触觉才能实行的。通过抚摸训练，使胎儿的身体活动，手、脚灵活性得以锻炼。

3 胎儿的听觉

胎儿的世界是个嘈杂的世界，如母体血液的流动声、肠道的蠕动声、心脏的跳动声、骨骼的运动声等。胎儿在母体中的10个月，每天都是伴随着这些声音度过的。对于这些声音胎儿已经习以为常，只要体内的声音没有什么异常，胎儿根本不在意。胎儿更感兴趣的还是来自母体之外的声音，如父母的谈话声，电视机、录音机播出的美妙音乐声，汽车的喇叭声等外界的一切声音，胎儿都会怀着浓厚的兴趣去听。悠扬的声音胎儿会愉快地去听，吵闹的声音胎儿会不爱听，猛然的声音会吓胎儿一跳，就连母亲的喷嚏声也会让胎儿大吃一惊。

胎儿能听到声音，这在B型超声波仪器上能看得清清楚楚。6个月的胎儿就开始凝神倾听。出生后的婴儿，母亲用左手抱在怀里要比用右手抱更容易使婴儿安静和喜悦。这是因为胎儿在母亲体内时，就已经习惯了母体血流的声音和血管的跳动，这种早已体验过的安全感，是任何催眠曲都无法比拟的。

外界的声音在多大程度上会扰乱胎儿的世界呢？研究人员曾把一只微型话筒由阴道插入到子宫，听里面的声音。研究人员吃惊地发现，在胎儿生活的空间里，竟是一派喧哗的、吵闹的空间。加利福尼亚一家医院妇产科主任丁·法兰博士给一位妊娠妇女倾听鸟叫声、汽车轰鸣等各种录音，装在子宫内的话筒，几乎接到了所有的声音。其声音的强度也是十分令人惊讶的。当他们播放两人在一起争论的录音时，发现子宫里传来的声音竟十分响亮，这嘈杂的声响，难免会对胎儿造成伤害。因此，吵架是孕期最不应该有的行为。

研究表明，胎儿在宫内是有听力的，能听到并分辨出各种不同的声音，并能进行“学习”形成“记忆”，这直接影响胎儿出生后的发育和行为。所以，我们应该利用胎儿听觉的重要作用，给予胎儿良好的声音刺激，促进其在宫内健康发育，达到优生优育的目的。

4 胎儿的味觉和嗅觉

胎儿的味觉神经在妊娠第26周形成，胎儿从第34周开始喜欢带甜味的

羊水。有人在羊水中注入糖，结果胎儿会喝更多的羊水，这说明胎儿的味觉已经在发挥作用。而在孕妇体内胎儿使用不上的是嗅觉，一旦出生，马上就会使用上。

五、母胎间的信息传递

1 沟通的三条途径

国内外不少学者认为胎儿的生长发育和信息密切相关。

美国学者托马斯·伯尼认为，母亲和胎儿之间的沟通，有三条不同的途径：一是生理信息的传递，二是行为信息的传递，三是感情信息的传递。这三条途径中，都有母亲和胎儿之间互相传递信息的现象。

近年来我国有学者认为，母亲由视、听、嗅等接受的外界信息所转化的思维活动，可无意识或有意识地传递给胎儿，特别是母亲的情绪波动，对胎儿的影响更明显。如孕妇不安或情绪激动时，胎儿的血氧量就降低，其发育会出现多方面的混乱。胎儿能对音乐或噪音做出不同反应，更是人所共知的事实。

有的学者还认为，胎儿在母体内所获得的信息，也部分决定了儿童个性的形成。

2 信息沟通的渠道

母亲是如何把自身的信息传递给胎儿的呢？有人通过实验研究证实，乙酰胆碱之类的神经递质能够通过胎盘，进入胎体，到达胎儿，这说明神经递质具有传递信息的功能。

现代医学还表明，羊水和胎盘是母子信息沟通的渠道，母体产生的各种激素都带有某种信息，能够通过母血到达胎盘，再通过胎儿血到达羊水，再由羊水到达母血，这一循环过程，也就是信息传递过程，也验证了上面所提的母亲与胎儿之间的信息传递是相互的。因此，母亲的任何信息，都可以通过胎盘传递给胎儿，胎儿的反应也通过胎盘传递给母亲。

3 信息的传递与储存

信息可以是物质性的，如激素、神经递质，也可以是精神性的，如情感、情绪。

信息或者通过母体间接传递给胎儿，或者直接传递给胎儿（妊娠五六个月后）。

接着是信息储存阶段，五六个月后的胎儿已具有一定的感受能力、记忆能力，会把接收到的信息储存在大脑里，进行信息储存。

4 信息的处理

胎儿不仅储存信息，还会对各种信息产生反应。良好的信息使胎儿安宁，促进胎儿身心发育，恶劣的信息对胎儿的身心发育不利。

胎儿如感到信息良好，则会通过胎盘分泌促进母体维持妊娠的激素，或者通过安宁的状态和正常的胎动表示自己的好感；如感到信息恶劣，则会停止分泌促进母体维持妊娠的激素，或者通过剧烈的胎动表示自己的反感。这是信息输出阶段和信息输入阶段之间存在着的信息反馈现象，把信息反馈给发送者，不断调节信息控制系统，起调节未来行为的作用。

这种信息反馈现象，能使胎教实施者知道什么信息对胎儿有利，什么信息对胎儿有害，从而更好地调整信息源的质量，更好地选择和发送信息，使胎教获得预定的效果，达到胎儿身心发育健康的目的。

5 胎儿各阶段的反应

胎儿大约3个月就有了感觉。起初，当胎儿碰到子宫中的一些软组织，如子宫壁、脐带或胎盘时，会像胆小的兔子一样立即避开。但随着胎儿的逐渐长大，特别是到了妊娠中后期，胎儿变得“胆大”起来，不但不避开，反而会对刺激做出一定反应，如有时母亲抚摸腹壁时，胎儿会用脚踢作为回应。

胎儿4个月大时，即可对外界的声音有所感知，凡是能透过身体的声音，胎儿都可以感知到。这些声音信息不断刺激胎儿的听觉器官，并促进其发育。

胎儿在4个半月时，就能分辨出甜和苦的味道，妊娠后期胎儿味蕾已经发育得很好，而且喜欢甜味。

胎儿发育到5～6个月时，其大脑皮质结构已经形成，此时胎儿已经有了能够接受外界信息的物质基础。

胎儿在6个多月时就有了开闭眼睑的动作。当一束光照在母亲的腹部时，睁开双眼的胎儿会将脸转向亮处。

由此可见，胎儿尤其是妊娠中后期的胎儿，其触、视、听、味觉等都发育到了相当的程度，能够感受到一些外界活动，这时以一定方式进行胎教，可以促进胎儿身心健康发展。

斯瑟蒂克真经：

他们怎么想起胎教的

有关理论：

胎教的作用和效果

斯瑟蒂克真经：他们怎么想起胎教的

丈夫的设想得到赞同

大家也许会想知道，斯瑟蒂克夫妇是怎么想起要对腹中的胎儿进行胎教的。斯瑟蒂克夫人曾公开解释过这一问题。

结婚以后，斯瑟蒂克夫妇经常在一起交谈，憧憬将来有了孩子以后家庭是多么温暖和幸福。每当这个时候，约瑟夫·斯瑟蒂克就会对夫人实子讲起他自己关于胎教的设想。这种设想显然会得到夫人的共鸣。

约瑟夫曾引述达·芬奇手稿中的话："同一个灵魂支配着两个肉体，母亲盼望的事情，在她有这个愿望的时候，就不断地影响着胎内的孩子，母亲所持有的意志、希望、恐怖以及精神上的痛苦，对胎儿的影响要远远大于母亲自己。"

斯瑟蒂克夫人当时只有24岁，虽然对将来的孩子并未抱有特别的期望，但她对胎教是赞同的。夫妇俩达成了很好的默契。

她说小时候也曾听祖母讲过：在斯拉夫民族，孕妇就常坐在摇椅上，把手放在腹部，给胎儿唱祖先传下来的歌曲。

在读高中的时候，斯瑟蒂克夫人还看过一个电视节目，这个节目给她留下了深刻的印象。那是记录爱斯基摩人生活的一部片子，其中就有孕妇对自己腹中胎儿讲话的镜头。也许这是很平常的事，但斯瑟蒂克夫人却由此想到，是否她也能学学爱斯基摩人的样子，把大千世界的美好情景告诉腹中的胎儿呢？

从信念开始尝试

斯瑟蒂克夫人说虽然她们夫妇俩都不是医学专家，也不曾受过有关胎教的训练，但在她得知怀上第一个孩子苏珊后，约瑟夫就按照他自己的信念，开始了他们的胎教尝试。

刚开始的时候，斯瑟蒂克夫人只是半信半疑地按照丈夫的想法去做。不久，她看到了一本有关胎儿发育的书，这本书是这样介绍人类生命进化过程的。

该书认为：人类的脑从内侧往外分古皮质、旧皮质、新皮质三大部分。胎儿的脑也是按这样的顺序构成的，最内侧的古皮质起着“爬虫类脑”的作用，旧皮质起着“哺乳类脑”的作用。这两部分在出生前就已经事先输入了生存所不可缺少的信息，虽然功能还不多，但可以说已经是朴素、稳当的“计算机”了。

最外部分是新皮质，在其他动物的脑中这部分很小，而人类区别于其他动物的最显著特征就是这部分十分发达，也就是说，这部分用来学习知识和进行精神活动。但是先天的信息并没有输入，性能虽好，但却是一架没有存入信息资料和程序的“计算机”。

当斯瑟蒂克夫人得知脑的发育这么早就开始，并以如此快的速度进行着进化发育的过程，她被胎儿所具有的伟大生命力所感动，同时也认识到了胎儿的能力是充满着神秘莫测的巨大可能性的。

当时斯瑟蒂克夫人就设想：如果给胎儿大脑一个适当的轻微刺激，那么蕴藏在胎儿内部的潜在能力就有可能被激发出来。这时，斯瑟蒂克夫人已经完全赞成丈夫的做法了。于是，他们夫妇俩就互相配合着，开始了他们独特的胎内教育。

斯瑟蒂克式胎教法的基本思想

在和四个孩子的交流中，斯瑟蒂克夫妇总结了一套有效的方法，斯瑟蒂克夫人很无私地把它介绍给大家，希望能对大家有所帮助，这就是今天要向大家介绍的“斯瑟蒂克式胎教法”。其基本思想就是：妊娠中的母亲把听到的、看到的、想到的事物，通过自己的声音、身体变化、心理状态传递给胎儿，接受了这一切的胎儿在出生时就会具有某种素质。

如果你准备怀孕或已经怀孕，并且同意这种说法的话，可以下决心尝试一下，你或许会取得令你满意的成果。

但是斯瑟蒂克夫人向我们反复强调了一点，要摆正进行胎教的目的，明白不是为了要生一个“天才儿童”才进行胎教的，而是想让孩子今后的人生过得更加幸福和有意义。为此，在孩子还未出世时，我们让他对各种事情感兴趣，并培养她们理解这些事情的能力，只是结果恰好和“天才”这个称号联系在一起罢了。

父母在进行胎教时，绝不能忘记对孩子的爱和对他的祝福。如果把生“天才儿童”作为进行胎教的目的，就会使腹中的胎儿感到是被迫的，并由此不愿倾听父母对他所讲的一切，做父母的千万不要失去你的真心。

有关理论：胎教的作用和效果

一、胎教对智力的影响

由于胎教的内容情感化、艺术化，集形象和声音于一体，从而可促进胎儿右脑的发育，使孩子出生后知觉和空间感灵敏，更容易具有音乐、绘画、几何和空间的鉴别能力，并使孩子情感丰富，形象思维活跃，直觉判断准确。同时，胎教给胎儿大脑以新颖鲜明的信息刺激，具有怡情养性的作用，从而又有利于胎儿大脑的健康和成熟。

此外，胎教还有利于胎儿大脑潜能的全面开发。由于胎教重视情感化和形象化，使胎儿的语言和数字等知识学习变得容易，这样也就调动了胎儿左脑的功能，使左右脑功能得到互补，使胎儿出生后大脑的潜能得以更好发挥。

二、胎教对心理的影响

胎教给胎儿的心理影响是积极的，不仅有利于胎儿感知能力的培养，而且有利于胎儿情感接受能力的培养，使胎儿未出世就容易在感知、情感等方面和爸妈相互沟通和交流。

抚摸胎儿时，胎儿会做出相应的动作；为胎儿播放音乐或唱歌时，胎儿会变得很安宁，这都是感知能力和情感接受能力的体现。这两种能力是基本心理功能，有了这两种能力，胎儿出生后在成长过程中就能更好地接受审美教育，具有想象、直觉、顿悟和灵感能力，并具有情感体验、调节和传达能力，使孩子心理得到健全发展。

三、胎教对人格的影响

胎教对胎儿的影响是整体性的，胎儿学习的结果也是整体性的，因此胎教有助于胎儿以及胎儿出生后精神素质各个方面的塑造，即有助于人格的完善。人格即一个人各种心理特征的综合。

如果一个人能够在人生的开始就受到整体性的审美教育，那么这种教育就会对一个人的心灵产生长远的、深刻的、潜移默化的影响，最终使这个人的人格趋向完善，并使这个人成为一个真诚、善良、美丽的人，成为能够自我认识、自我完善和自我实现的人。

胎教就是人生最早的审美教育，对

一个人的发展起着开创性的作用。澳大利亚和中国的专家对胎教儿童的追访表明，受过胎教的儿童大都性格活泼、爱跳，而且身体健康、聪明好学，有的成为早慧儿童，有的具有艺术等方面的特殊能力。

四、胎教对性格的影响

妈妈的子宫是胎儿所接触的第一个环境，小生命在这个环境里的感受将直接影响到胎儿性格的形成和发展。如果妈妈怀孕期间在充满和谐、温暖、慈爱的气氛中，那么胎儿幼小的心灵将受到同化，进而可逐步形成热爱生活、果断自信、活泼外向等优良性格的基础。

反之，倘若夫妻生活不和谐、不美满，经常吵架、打骂，甚至充满了敌意和怨恨；或者妈妈不欢迎这个孩子，从心理上排斥、厌恶，那么胎儿就会痛苦地体验到周围这种冷漠、仇视的氛围，随之形成孤寂、自卑、多疑、怯懦、内向等性格。显然，这对胎儿的未来会产生不利的影响。

五、10月胎教的重要性

10个月的胎教比10年的教育更加重要吗？其实可以这样理解：地下的10米地基比地上的10层楼重要。比起出生后进行10年的教育，10个月的胎教往往更加重要。也就是说，比起孩子出生之后接受的智力开发，英才培养等系统教育，腹中10个月胎教所收到的效果更加重要。

1 科学理论不断证实着胎教的效果

以前，人们只是认为“进行胎教能生出聪明的孩子”这一点已经被证实。

最近还有一些研究成果显示了胎教和孩子出生后的健康水平之间存在着直接的关系，既证实了“进行胎教才能生出健康的孩子”，也证实了如果孕妇在怀孕期间承受过巨大的精神压力常常会给孩子带来一定的精神问题。因此，要想生出身心健康的孩子，准妈妈就一定要进行好好胎教。

2 胎内环境起着决定性的作用

如今，很多爸妈都相信有效的胎教可以生出聪明又健康的孩子，并把此当作进行胎教的核心理由。各种研究成果都说明了这样的事实是有理论根据的。

一直以来，人们都认为“人类智力有80%受到遗传因素的影响”。但最近

美国的一个研究小组，通过长期的观察和实验得出了“人类智力只有48%受遗传因素影响，剩余52%与胎内环境有关”的论断。

此外，英国著名生物医学博士诺塔尼茨也指出肥胖症、糖尿病、癌症和心脏病等各种疾病，与胎内环境有关。由此我们可以得出结论，胎儿时期对人一生的健康起到重大、决定性的影响。

3 错过胎教的时机将成为毕生的遗憾

我们应当清楚的意识到，一旦错过胎教的好机会就再没有挽回的可能了。从制定怀孕计划时就做出科学的胎教计划，是最理想的情况。其实，只要对宝宝充满爱心，从现在就开始胎教，同样能获得真切的、明显的效果。

六、胎教不是造就“神童”

经常有爸妈抱怨：“我们当初积极胎教，又是唱歌又是听音乐，忙活了半天也没有生出个神童来。”言语之间对胎教颇感失望。

准爸妈一定要知道，胎教是在优孕和养胎的基础上，通过母亲对胎儿身心发展提供的良好影响，而对孩子的成长发育起促进作用，是集优生、优育、优教于一体的一门实用科学，但不是造就神童的手段。

尽管现代医学为胎教提供了可行的依据，也有诸多实验、实例证明了胎教的可能，我们对胎儿应以科学的态度审视，肯定胎教的结果，但绝不夸大胎教的作用；可以保留对胎教的传统认识，但不拒绝对胎教的尝试。

胎教是一种比较特殊的教育，胎儿在宫内的学习与出生后孩子的学前学后教育都不一样，不同于一般的学习概念和学习功利性。

胎教并不是要向胎儿灌输生活知识和科学知识，而是为了促进胎儿的身心发育，提高胎儿的个体功能，对胎儿的心灵起到塑造、健全和完善的作用。也就是说，是为了促使胎儿素质优良化。如果带着功利的目的进行胎教，结果或许会令人大失所望，因为胎儿毕竟还没来到人间，其各方面的能力尚处于雏形阶段，谁都不敢保证会有立竿见影的效果。

以科学的态度看待胎教，科学地实施胎教，从而收获胎教的效果，这便是我们所倡导的科学的胎教观。

七、受过胎教孩子的特点

1 不爱哭

受过胎教的婴儿虽然在饥饿、尿湿和身体不适时也会啼哭，但得到满足之后便会停止。他们感音能力较好，每当听到妈妈的脚步声、说话声就会停止啼哭。孩子比较容易养成正常的生活规律，如在睡前播放胎教音乐或妈妈哼唱催眠曲就能使婴儿很快入睡，满月后就能养成白天醒、晚上睡的习惯。

2 较早与人交往

受过胎教的婴儿出生2～3天就会用小嘴张合与大人“对话”，20天左右就会逗笑，2个多月就能认识爸妈，3个多月就能听懂自己的名字。

3 较早学会发音

受过胎教的婴儿2个月时会发几个元音，4个月会发几个辅音，5～6个月发出的声音能表达一定的意思。

4 较早地理解语言

受过胎教的婴儿四个半月时能认出第一件东西，6～7个月时能辨认手、嘴、水果、奶瓶等。这样的婴儿能较早理解“不”的意思，早期学会服从“不”的孩子更懂事、更听话。他还会较早学会用姿势表示语言，会做“欢迎”、“再见”、“谢谢”等动作，也能较早理解别人的表情，所以显得特别聪明可爱。

5 较早地学会说话

受过胎教和早教的孩子9～10个月时，就会有目的地叫爸妈，如果出生后不继续给以发音和认物的训练，胎教的影响在婴儿出生6～7个月后就会消失。受过胎教和早教的孩子在20个月左右便能背诵整首儿歌，并且也能背数字。受过胎教的孩子入学后成绩都比较优秀。

6 适应和创造能力强

受过胎教的孩子有很强的独立生活能力，自己的事情都是自己完成，而且适应能力强，任何环境他们都能生活得很好。并且他们想像力丰富，具有创造力，对自己和别人以及社会表现出较强责任心和义务感，遇事能通情达理。

7 意志力坚强

受过胎教的孩子能经受挫折和打击，有一种不屈不挠的精神。这样的孩子做事即使失败了，也会总结经验继续干，直到成功为止，他们生性乐观有一股韧劲，再大的困难也勇于克服。

PART 4

斯瑟蒂克真经：

胎教从优孕开始

优孕须知：

充分的孕前准备

斯瑟蒂克真经：胎教从优孕开始

最佳状态下受精

俗话说得好："好的开端是成功的一半"，"开始好结尾则佳"。

任何一件事情的开始都是十分重要的，进行胎儿教育，同样要求怀孕时的受精必须是在最佳状态下进行。也就是说，必须是最健康的精子和卵子结合。

母体必须健康是毋庸置疑的，但男性的健康状况对新生命的诞生也具有很大的影响力。值得注意的是，父亲体内的酒精是特别有害的。精子或卵子受到酒精的侵扰后就会失去平衡，加快老化，出现不健康的状况。对于孕育新生命来说，再也没有比这更危险的事了。

常有男性借着酒力和妻子行房，然而却不知道，被酒精侵扰过的精子是不能成为创造健康新生命的种子的。因此，夫妇双方务必了解酒、烟、药的害处。凡是对母子健康有威胁的因素，都要坚决排除掉。

制定妊娠计划

有准备按计划地实施妊娠是很必要的。因为胎儿的健康状况并不全在于遗传因子的优劣，创造新生命的父母身心是否健康也是相当重要的。

要解决这个问题，首先必须具备的前提条件是：夫妇双方都希望受孕，且受孕决不能是性欲和偶然的产物。夫妇双方对怀孕应该有充分的思想准备，不要出现"糟糕，我怀孕了"这样的情况。

不但做母亲的应该有准备，做父亲的也需要有思想准备。当夫妇之间

有不稳定的因素存在，有一触即发的危机感存在时，应避免受孕。

为什么这样说呢？因为担惊受怕、怨恨、牢骚一旦积累起来，身体内的血液与体液就会相应地偏向酸性，从而破坏了健康的体内平衡，在这种状态下生成的精子和卵子也会是不健康的。

众所周知，为了使身体机能正常发挥，最佳的体液是呈弱碱性的，而这一状态的形成，情绪因素比食物因素更为重要。当未来的父亲和母亲都充满着幸福感时，这便是受孕的最理想时刻。还有一点也至关重要的，那就是夫妇双方必须心心相印，如果你不爱他，或是他不爱你，那么，胎教的基础从一开始就是脆弱的。

优孕须知：充分的孕前准备

一、保持良好胎内环境

准妈妈优良的胎前、胎内环境是孕育一个健康胎宝宝的摇篮。准妈妈做好胎前和胎内环境的养护，就为孕育胎宝宝提供了优质的“土壤”。

❶ 保证精子、卵细胞质量

胎前环境对胎宝宝发育的影响，可以追溯到精子和卵细胞结合之时乃至结合之前的品质，是夫妇准备孕育宝宝之前的精子和卵细胞的生成环境，它决定了精子和卵细胞的质量。

精子和卵细胞的质量决定了孩子是否健康、聪明。对于精子而言，足够的数量是保证受孕成功的前提，其质量或活力更是良好受孕的条件；对于卵细胞而言，其质量首先取决于能否在卵巢内健全发育，又能否顺利通过输卵管。

为了确保有高质量的精子并且能受精成功，必须把减少精子数量、降低精子质量的不利因素降到最低。这就要求备孕准爸爸必须远离污染的环境，避免与有害物质接触，戒除烟酒等不良嗜好，及时治疗生殖器官疾病等。

为了确保卵细胞能健全发育并顺利排出，以迎接精子的到来并成功受孕，准妈妈必须尽早对已有的妇科疾病进行治疗，同时，也要避免环境污染、职业因素及不良嗜好的影响。

❷ 良好的胎内环境

高质量的精子、卵细胞为生育聪明健康的孩子提供了可能，但要把这种可能变为现实，还需要良好的胎内环境，这是胎养的最终目的。

所谓胎内环境，是指怀孕后受精卵进入子宫继续生长发育成胎宝宝的全部条件，包括胎宝宝本身的发育情况和母体身心变化情况等。它是胎宝宝赖以生存的母体身体状况、营养状态等构成的生活环境；准妈妈精神和意识活动所构成的胎宝宝的心理环境；准妈妈伴随着情绪的波动而产生的体内激素的改变所构成的胎宝宝的生物、化学环境；准妈妈的心跳声、肠胃的蠕动声所构成的胎宝宝在母体内的物理环境。

由于胎宝宝在母体子宫内不能主动获取营养、选择环境，它只能被动地生活，需要母体的帮助而生长，因此，准

妈妈本身的健康状况、情绪变化、生活习惯、行为方式等都将对胎宝宝产生直接或间接的影响。这就不仅要求准妈妈要有合理、营养的膳食，还要有良好的心境，以及健康的生活方式，并注重避免有害物质的侵入，给胎宝宝创造一个安全、营养、温馨的生长环境。

二、孕前储备营养

1 养成良好饮食习惯

孕前养成良好的饮食习惯，并达到良好的营养水平，是生出健康宝宝的基础。营养不良的孕妇在妊娠期间不仅容易发生合并症，而且患其他孕期疾病的概率远高于营养水平良好的孕妇。一些年轻女性为了保持身材而故意节食减肥，但过瘦体质不仅不利于怀孕，而且即使怀孕了对胎儿的发育也会产生负面影响。

所以，每一个准备做父母的人都要养成良好的饮食习惯。女性在孕前所食用的食物种类要杂、要多，宜粗少细，要多吃原汁原味的无污染食物，要经常变化食物种类，不要偏食；同时要注意少吃或不吃刺激性食物；要避免食用污染过的食物，重视饮食卫生，尽量选用新鲜天然食品，不要食用含食品添加剂、色素、防腐剂的食物，蔬菜应浸泡半小时左右，瓜果尽量去皮；还要注意不可暴饮暴食，以免影响身体健康；另外，要多吃鱼虾、山药等食物，以增加受孕机会。

2 多吃能增加精子和卵细胞活力的食品

夫妻双方因精子或卵细胞活力不强而导致怀孕失败的例子较为多见，多吃瘦肉、蛋类、鱼虾、肝脏、豆类及豆制品、海产品、新鲜蔬菜和时令水果等，可以改善精子和卵细胞的某些缺陷，提高受孕概率。注意选用新鲜、无污染的蔬菜、瓜果及野菜，尤其是可以在餐桌上多增加一些野菜和野生食用菌，以避免食用含食品添加剂、色素、防腐剂的食物，让体内产生高质量的精子和卵细胞，以形成优良的胚胎。

3 提前补充微量元素

准妈妈在妊娠中晚期，容易发生缺铁性贫血和缺钙症状，若出现症状后再补充为时已晚，特别是原本已经出现营养不良症状的准妈妈。因此，准妈妈在孕前就应该多食用鱼类、牛奶、奶酪、海藻、牛肉、猪肉、鸡蛋、豆类及黄绿色蔬菜等食物，在体内储存丰富的铁和钙，以免怀孕后发生铁和钙的缺乏。

准妈妈身体有了充足的水分，可以帮助清除体内的各种代谢毒物，如重金属等，增强免疫功能和抗病力，这样便可以为胎宝宝提供一个良好的生长发育内环境。但要注意多喝烧开后自然冷却的水，这样的水具有独特的生物活性，少喝含咖啡因、色素、香精等人工制作的饮料或果汁。

4 营养补充切勿过量

强调孕前营养并不意味着准备怀孕的女性吃得越多越好，一味多食会造成体重过重。如果怀孕后胎儿生长过快，就会增加行动负担，给分娩带来困难。同样，如果孕前就因饮食失调而造成肥胖，妊娠和产后仍不能恢复，也会给身体健康带来隐患。糖尿病、慢性高血压、血栓性疾病的发病都与营养过剩有密切的关系。所以，备孕女性必须合理地安排好孕前的营养补充。

三、孕前要补充叶酸

叶酸是一种B族维生素，对细胞的分裂、生长及核酸、氨基酸、蛋白质的合成起着重要作用，因此，叶酸是胎宝宝生长发育中不可缺少的营养素。

研究表明，女性孕前和怀孕后1～2个月期间每天补充0.4毫克叶酸，胎宝宝发生兔唇和腭裂的概率可降低25%～50%，还有可能避免35.5%的先天性心脏病患儿的出生。所以，女性孕前及孕早期应注意多摄入富含叶酸的食物，如菠菜、生菜、芦笋、龙须菜、油菜、豆类、全麦面包、动物肝脏、麦芽及香蕉、草莓、橙子、橘子等。

四、孕前要戒烟戒酒

烟对精子和卵细胞的损害是众所周知的，烟中的多种有害物质不仅会杀伤精子，还会对卵细胞造成损害，所以备孕夫妇在受孕前3个月必须戒烟。

如果女性不戒掉吸烟的坏习惯，怀孕后易发生宫外孕、前置胎盘和胎盘早剥等；同时，烟里的某些有害物质能引起人体内染色体畸变和基因突变，从而造成遗传物质的变化，引起流产、早产、死胎及先天畸形等；而且，准妈妈吸烟还会殃及后代，使新生儿体重偏低、身长短小、头偏小、肺部发育不成熟、体质差，儿童期易患多动症、易受感染，婴儿的病死率较高。吸烟的准妈妈所生的婴儿患先天性心脏病的危险比不吸烟的准妈妈所生婴儿高两倍。

而准爸爸如果不改变吸烟的坏习惯，会导致精子畸形，而且对早期胚胎的危害最严重。

父母饮酒和吸烟一样，也会对胎儿的健康产生严重影响。酒精是男人性能力和生育能力最常见的杀手。因为酗酒不仅会让男人的性能力降低，还可能使精子受到损害，导致精子形态、活力的改变，甚至杀死精子，使精液中精子数目减少，直接影响受孕率以及胚胎的发育。此外，女性在孕前和孕中也应戒酒，因为母亲在妊娠期间酗酒不仅容易引起胎宝宝先天畸形，而且生出的宝宝也会智力低下。

如果想拥有一个健康、聪明的小宝宝，准父母应在备孕前较长时间内开始戒酒，并且在妊娠期间绝对不能酗酒。不过，如果准妈妈偶尔饮少量葡萄酒、啤酒、果酒或些许的酒心糖果或糕点，也不必过度紧张。

五、加强锻炼有利优孕

1 锻炼有助身体健康

男性在准备要孩子前进行适宜的体育锻炼，可以让自己精力充沛、代谢旺盛，使得雄性激素的分泌大量增加，生精过程亦明显加快，加之性腺的代谢功能得到提高，可以促使精子细胞成熟和活力增强，为受精卵的形成提供了大量健康合格的精子。

一旦受精卵形成，整个胎宝宝的生长发育过程都与准妈妈的健康息息相关，准妈妈身体功能的健康状态对优生就更为重要了。女性在受孕前必须使自身机体及功能都得到改善，以适应十月怀胎对机体所产生的各种影响。孕前体育锻炼还可以调节备孕夫妇的心理状态，以治疗某些精神性不孕症，如功能性性功能障碍等。尤其对于长期从事脑力劳动的备孕夫妇，孕前体育锻炼可使他们的神经系统从高度紧张的状态中得到调节放松，缓解焦虑紧张，从而增加受孕机会。

2 锻炼有助于优孕

锻炼能提高女性孕前各种性激素如促卵泡激素、黄体生成素、雌激素、孕激素及泌乳素等分泌增加，使得卵巢、子宫、乳房等性器官的功能发生一系列的变化，为胚胎组织的生长和发育提供良好的基础；锻炼能改善准妈妈的心肺功能，有助于胎宝宝发育所需的各种营养素的输送，为胎宝宝的生长发育提供保障；锻炼还能增强准妈妈的肌肉系统功能，可以防止诸如胎位不正、难产等并发症，减少产伤对新生儿的危害。总之，锻炼是优孕的必要保证。

六、备孕男性的不良习惯

要想生一个聪明、健康的宝宝，备孕夫妇除了要加强饮食营养、实施健身计划外。备孕男性还应远离一些不良的生活习惯，避免这些不良生活习惯影响精子的质量。

1 穿紧身裤

如果备孕男性有穿紧身裤的习惯，现在应该改一改了，尤其是透气性差、散热不好的化纤类紧身裤，会让阴囊处于密闭状态，空气不流通，使细菌滋生，引起生殖道的炎症，造成生精功能减退。所以，你应尽早让自己脱离紧身裤的束缚，选择舒适宽松的裤子。

2 过频的热水浴

精子的成长需要低温，不然就会夭亡。当睾丸的环境温度在34℃～35℃时，它才能顺利产生精子。即使准爸爸的精子密度原本正常，如果连续3天在43℃～44℃的温水中浸泡20分钟，其密度就可下降到1000万/毫升以下，并持续3周如此。因此过频、过久的热水浴会使精子的数量减少，同时还会降低精子的成活率。所以从现在开始，备孕男性就要改掉在浴缸中久泡的习惯，也别再洗桑拿，最好选用温水淋浴。

3 开车久坐

长期开车或者久坐不动会压迫盆腔，使盆腔供血量不足，能量、营养物质减少，造成精子能力下降。因此，如果备孕男性经常开车久坐，每天至少应活动30分钟。

4 经常长途骑车

骑自行车时，身体前倾，腰弯曲度增加，让你的睾丸、前列腺紧贴坐垫而受到挤压。长此以往，会出现缺血、水肿、发炎等症状，影响精子的生成以及前列腺液、精液的正常分泌。另外，骑车过程中身体不停的颠簸和震动，可导致阴囊受损，阻碍精子的酝酿。

5 手机放裤兜

手机放在裤兜或者别在腰间，容易使睾丸受到电磁波的辐射，影响精子的数量和活力，所以，备孕男性最好把手机放在桌上或者拿在手中。

6 房事过频

一次射精后，需要5～7天才能恢复有生育力的精子数量。所以，房事过频可导致每次射出的精子数很少，引起不育。

7 情绪不稳定

若备孕男性经常忧郁、烦恼或脾气暴躁，会使大脑皮质功能紊乱，造成神经系统、内分泌功能、睾丸生精功能以及性功能不稳定，也会影响精子的质量和精子的产生。所以，备孕男性应让自己时刻保持良好的心情。

8 熬夜

经常熬夜，可降低人体的免疫能力，所以备孕男性应注意合理休息，尽量不要熬夜。

总之，从计划怀孕开始，备孕男性就一定要养成良好的生活习惯。不良的生活习惯，对孕育宝宝的不良影响是很显著的。

七、生活要有规律

孕前要做各方面的准备，其中很重要的一项就是备孕夫妇要调整作息时间，使之更加符合健康自然的生活规律，让双方的身体状况都达到良好的状态。

1 注意充分的休息

人在疲劳或患病的情况下，身体的抵抗能力会下降，体内的各种功能都有所降低，这时精子和卵细胞的质量就会受到影响。一旦身体出现这种状况，就会干扰子宫的内环境，因而不利于受精卵的着床和生长，从而影响胎儿脑神经的发育，甚至导致死胎、流产。所以，备孕夫妇应该调整作息，注意充分休息，每天睡眠时间不能少于7小时，让双方在精神饱满的情况下受孕。

2 培养良好作息习惯

备孕女性一旦怀孕，胎儿就会通过母体来区分白天和黑夜。胎儿在母腹中是完全按照母亲的作息时间“生活”的。所以，准妈妈的作息习惯自然会影响胎宝宝。有事实证明，如果准妈妈生活规律为早睡早起，宝宝出生后就会比其他的小朋友更加活泼健康，可见准妈妈本身正常的作息习惯是多么重要。所以，备孕女性从计划怀孕开始，就要培养自己良好的作息习惯，早睡早起，起居有规律。

3 按时健康进食

每日要按时进食，最好定量，不要暴饮暴食，注意饮食健康；膳食结构要合理，不要吃多盐、多糖或加工类的食品，以防吸收过多的热量、饱和脂肪酸和胆固醇，从而导致肥胖、高脂血症等疾病的发生，戒除不良嗜好，停止吸烟和过量饮酒，多吃无污染的绿色食品。

八、孕前半年准备计划

1 孕前6个月

做全面的健康体检：孕前6个月，备孕夫妇要一起去医院，在有关科室进行一次全面的身体健康状况检查。同时，要进行必要的生育咨询，尤其是遗传病的咨询；根据医生的要求和建议，或做进一步的检查，或发现疾病积极配合治疗。最后，根据医生的意见，决定是否要孩子以及何时可以要孩子。

调整生活方式 备孕夫妇首先要戒烟戒酒；喜欢喝咖啡的女性也要限制在一天一杯之内，不要再喝碳酸饮料及刺激性饮品。

远离不安全环境 如果在不安全的环境中工作，比如经常接触化学物质、超强电磁波等，最好能换个岗位。此外，家中的电视、音响、电脑、微波炉、手机等都会造成电磁污染，对胎宝宝发育极其不利，建议尽可能远离。

改变避孕方式 有些避孕药对胎儿究竟有没有不良影响还没有定论，所以，如果有生育的计划，建议提前6个月左右停止使用避孕药，改用避孕套等物理避孕方式或自然避孕方法。

2 孕前5个月

测体温、验精液 这时，可以开始进行女性基础体温的监测，以掌握受孕时机。基础体温是女性清晨起床尚未活动时的体温，从月经到排卵前的这段时间，体温比较低。当开始排卵的时候，体温急剧升高，黏液分泌旺盛，表明此时为受孕的好时机。通过连续几个月的记录，可以检测出排卵的稳定程度；同时，也可进行准爸爸精液的检验。准爸爸可在医生的指导下，进行精液样本的采集，医生给予精子的数量、移动性和活力的分析报告，以判断是否具有足够的、高质量的精子。

选择受孕季节 8月左右受孕、5月左右分娩比较科学。因为8月是初秋时节，各种富含维生素的新鲜瓜果、蔬菜，以及充足的肉、鱼、蛋、奶制品供应非常丰富，为备孕女性摄取并储备多种营养创造了有利条件；而在胎宝宝最易感染病毒的敏感期，已经到了寒冬时节，疾病感染率降低；准妈妈临产时正是凉热适宜的春末夏初，避免了宝宝出生后因为天气炎热而生痱子，也有利于新妈妈产后的饮食调理和身体恢复。

经济准备 进行适当的生活安排，做好一定的经济准备，免除思想负担，为受孕创造一个安心、轻松的心情。

改善居室 可以改善居室环境，以方便备孕女性怀孕后的行动。比如，可以在卫生间及其他易滑倒的地方加放防滑垫；在马桶附近安装扶手；把晒衣架或晒衣绳适当调低；如果居室通风条件不好，要设法安装换气扇或做其他改动。

3 孕前4个月

优生筛查 主要是检测女性体内风疹病毒、巨细胞病毒、弓形虫、单纯疱疹病毒等的抗体水平，根据检测结果来估算胎儿可能发生宫内感染乃至畸形、发育异常的风险，最大限度地保障胎儿的健康。

远离宠物 一些家养宠物，如猫、狗等体内会有弓形虫病毒。要带宠物去医院做个体检，以确保它们没有感染源，或者将宠物寄养到宠物中心，总之，要尽量避免与宠物接触。

身体排毒 清除夫妻身体内的烟尘与有毒物质，可食用畜禽血、春韭、黑木耳、海鱼、豆芽等。

4 孕前3个月

补充营养 在日常的饮食中，开始注意选择一些含有优质蛋白质的食物，如豆类、蛋类、鱼类以及瘦肉等；选择一些含碘的食物，如紫菜、海蜇等；选择一些含锌、铜的食物，如鸡肉、牛肉、羊肉等；选择一些有助于补铁的食物，如芝麻、猪肝、芹菜等。此外，还要多吃含大量维生素的食物，如新鲜的瓜果和蔬菜，特别是多摄入能降低胎儿无脑、脊柱裂等神经管畸形的叶酸。

调整体重 如果女性的体重超常（偏瘦或偏胖），那么受孕的机会就会大大降低。这时，女性在补充营养的同时，也要开始有计划地调整体重。

进行锻炼 为确保女性受孕时体内激素的平衡与受精卵的顺利着床，也为了配合体重超标的女性进行体重调节，此时可以有计划、有目的地进行孕前身体锻炼。晨跑、瑜伽、快走等运动形式都是不错的选择，即便是每天慢跑和散步也有利于改善体质。运动可以不要求强度，但要注重坚持。

孕前接种 孕前进行接种可以保证胎宝宝正常发育，减少病残儿的出生。如果女性有接种疫苗的需求，应该向医生说明自己准备怀孕的情况，让医生决定究竟该不该接种。

停止服药 这时，不要再服用抗病毒药物。如果女性有慢性病不能随便停药，一定要去医院咨询，医生在用药上会给予调整，以指导你安全受孕。

5 孕前2个月

调整性生活频率 在准备怀孕阶段，要适当减少性生活。男性应通过增加健身的次数，来保证精子的数量和质量。

算出排卵日 为了提高受孕的几率，要算好排卵日，一般是月经来潮当日加上15天，如果平时月经周期不够准确，也可以按照预计下次月经来潮之日向前推14天的方法计算。

6 孕前1个月

展开一次激情的生活 在身体状况良好的情况下，选好一个美妙的夜晚，进行一些浪漫的准备，以最期盼、最激情的时刻迎来一次生命的融合。

最佳的受孕体位 有些体位有利于精子通过阴道，使精子可以比较容易地通过宫颈，这就是有助于受孕的体位。

一般来说，建议想要孩子的夫妻可以采取男上女下的体位，也就是妻子躺在床上，屈曲双腿，大腿分开，丈夫趴在妻子两大腿间，将勃起的阴茎慢慢插入阴道。

男上位的好处是：男方和女方可以面对面，这样女方的阴道口朝上，形成一个杯形，可以盛住精液，这对受孕十分有利。同时，为了增加受孕机会，还建议，女方可在臀部下垫一个枕头，使得骨盆向上倾斜，以利于精子更顺利地通过阴道完成受精。

对于子宫后位的女性来讲，更合适的受孕体位是后进式，也就是女方头面朝下俯卧，用双膝支撑或用枕头支撑，男方阴茎从女方的后面进入阴道。

后进入式的好处是：由于阴茎能更深地插入，精子可以沉积在宫颈附近，这样更利于精子通过宫颈。

PART 5

斯瑟蒂克真经：

制定详细的胎教计划

胎教须知：

胎教的种类和方法

斯瑟蒂克真经：制定详细的胎教计划

斯瑟蒂克孕期两分法

斯瑟蒂克夫妇从她们养育四个孩子的过程中得出了如下经验：首先，他们认为母亲和胎儿是“一心同体”的，母亲如果生活没有规律，胎儿当然也不会有很自然的生活节奏。因此，他们认为制定一个妊娠期间胎教的总课程是非常必要的。

斯瑟蒂克夫妇把10个月的孕期分为前期和后期。从开始受孕到怀孕第4个月为前期，从怀孕第5个月到分娩为后期。这种分法只是为了课程的进展上有个标准，并没有什么其他的意思。斯瑟蒂克夫妇分别制定了妊娠前期和妊娠后期的一日安排（见表2、表3），以此表作为孕期的胎教课程，在妊娠前期和妊娠后期分别按照表中的内容实施胎教。

[按语] 斯瑟蒂克夫妇制定的胎教课程，前后两期其实是以胎动为界的。有了胎动，胎教的对象就由想象变为实感。具体课程，仁者见仁，智者见智，只要充满爱心，快乐地去做就好了。

表2　妊娠前期（妊娠最初4个月）的一日安排

时间		生活、行动	胎教内容
上午	6：00	起床	早上好
		准备早饭、洗衣服	听音乐
	7：00	吃早饭	
		收拾饭桌	
	8：00	打扫房间	唱歌
	9：00		给胎儿讲自己创作的故事和读幼儿画册
	10：00	子宫对话	
	11：00	吃午饭	
下午	12：00	午睡	
	1：00	织毛衣或做针线活	通过对话与胎儿进行交流
	2：00	熨毛衣、干杂事（记账、写日记）	
	3：00	散步	进行自然科学的学习
	4：00	买东西	
	5：00	休息、准备晚饭	听音乐
晚上	6：00	吃晚饭	
	7：00	收拾饭桌	
		洗澡	
	8：00	夫妇配合进行“子宫对话”	请准爸爸讲社会、科学方面的知识
	9：00	读书	
	10：00	睡觉	休息

表3　妊娠后期（妊娠5个月～出生）的一日安排

时间		生活、行动	胎教内容
上午	6：00	起床、准备早饭	早上好
		洗衣服	听音乐
	7：00	吃早饭	讲在洗脸间、厨房的行动及早饭内容
		收拾饭桌	
	8：00	打扫房间	唱歌
	9：00		临摹单字、拼读单词
	10：00	打扫房间、修剪花草、处理杂事	
	11：00		给胎儿讲创作故事、读幼儿画册
下午	12：00	吃午饭	
	1：00	睡午觉	
	2：00		进行数字及加减法、图形的学习
	3：00	熨衣服、处理家务、杂事、喝茶、记胎儿日记、散步（或买东西）	
	4：00		进行自然科学的学习
	5：00	休息、准备晚饭	
晚上	6：00	吃晚饭	听音乐
	7：00	收拾饭桌	
		洗澡	
	8：00		与准爸爸进行社会、科学方面的对话
	9：00	夫妇俩一起与胎儿进行“子宫对话”	
	10：00	睡觉	休息

与胎儿建立情感纽带

斯瑟蒂克夫妇遵从这种生活规律，一成不变地延续到苏珊出生为止。这个“一成不变”是很重要的，因为这是让胎儿对母亲产生信赖的唯一方法，这种信赖关系一旦确立，苏珊什么时候想听我讲故事，什么时候高兴得动弹，什么时候休息，斯瑟蒂克夫人都能通过身体感觉得到。

当妊娠第5个月感觉到胎动以后，苏珊的心情好像就能更清楚地传递给斯瑟蒂克夫人了。由于“信赖”这一巨大纽带的连结，斯瑟蒂克夫人和苏珊的关系更加紧密，斯瑟蒂克夫人相信这并非是她的臆想。她觉得如果她每天的生活都是忙于别的事情，也许就不会有这样的体会了；但是如果她总是留心胎儿在倾听她的声音，与胎儿一起观赏景物，片刻也不忘胎儿具有意识，就能明白这就是胎儿的心情。

比如，当胎儿一会儿动动全身，一会儿像小鸟拍打翅膀一样活动手脚，仿佛用身体动作向你说话时，你一定要对此做出反应。斯瑟蒂克夫妇认为：随着这种母子纽带的日渐牢固，胎儿在智慧、情操方面的发育速度会呈几何级数增加。

我们可以通过一项医学研究报告中的例子，清楚地看出母子之间的这种纽带关系。

瑞士小儿科医生托马斯·巴尼博士在他的研究报告《胎儿在注视》中介绍，在胎儿出生后的前几个月，母子的生活节奏和反应都是栢互吻合的。报告记录了这样一个调查结果：将早睡早起的孕妇和晚睡晚起的孕妇分成两组，观察出生后孩子的睡眠情况，结果发现，早睡早起的母亲生的孩子也同样早睡早起。

这个结果不但证明了孩子出生前母子的纽带关系已经形成，而且还告诉我们这种关系对孩子出生后仍有影响力。

胎教须知：胎教的种类和方法

一、了解胎教的含义

❶ 什么是胎教

简明地说，胎教就是调节孕期母体的内外环境，促进胚胎发育，改善胎儿素质的科学方法。胎教一方面指准妈妈自我调控身心的健康，为胎儿提供良好的生存环境；另一方面指对生长到一定时期的胎儿施加合适的刺激，促进胎儿的生长。

胎儿具有惊人的能力，为开发这一能力而施行胎儿教育，近年愈来愈引起人们的关注。美国著名的医学专家托马斯的研究结果表明，胎儿在6个月大时，大脑细胞的数目已接近成人，各种感觉器官已趋于完善，对母体内外的刺激能做出一定的反应。这就给胎教的实施提供了有力的科学依据。

❷ 广义胎教和狭义胎教

广义胎教是指，为了促进胎儿生理和心理上的健康成长，同时确保孕产妇能够顺利地度过孕产期，而采取的精神、饮食、环境、劳逸等各方面的保健措施。有人也把广义胎教称为“间接胎教”。

狭义胎教是指，根据胎儿各感觉器官发育成长的实际情况，有针对性地给予适当合理的信息刺激，使胎儿建立起条件反射，进而促进其大脑机能、躯体运动机能、感觉机能及神经系统机能的成熟。狭义胎教亦可称之为“直接胎教”。

换言之，狭义胎教就是，直接地给胎儿提供视觉、听觉、触觉等方面的教育，如光照、音乐、抚触等，使胎儿大脑神经细胞不断增殖，神经系统和各个器官的功能得到合理的训练，以发掘胎儿的智力潜能，提高胎儿的综合素质。

综上所述，胎教是临床优生学与环境优生学相结合的实际具体措施。

二、科学胎教的内容

胎教是一门融有关医学、教育学知识为一体的对胎儿进行教育的综合性实用科学。就医学而论，它涉及生理学、医学、心理学、药理学、性学、生殖学、遗传学、营养学、妇产科学等学科；就教育而论，它则包括语言、音乐、体育、美学、教育心理学等学科。

胎教的全过程是一项系统工程，包括优婚、优孕、优育、优生、优教等。这里重点说说受孕之后的有关内容。

1 合理营养

妊娠后，母体会出现一系列的生理变化，并会带来各种不适，如妊娠呕吐、偏食等，这都可能给母体的营养和情绪带来不利的影响。在胎儿发育过程中脑细胞形成的关键时期，如果缺乏蛋白质就会影响脑的发育，日后难以弥补，会造成永久性的伤害。因此，孕妇应合理安排好生活和饮食，选择的食物应是多种多样的，营养要均衡、全面，千万不要偏食、挑食或忌口。

2 稳定情绪

在妊娠期，母体的情绪稳定是胎儿健康的基础和开发智力的基本保证。准妈妈情绪的变化会引起体内生理的变化，如惊恐、暴怒会引起肾上腺素分泌增加，使血管收缩，子宫供血减少，对胎儿发育不利，因此，在安排好生活和饮食，保证供给足够的营养物质的同时，还要尽量保持情绪稳定，避免大的波动。为了给宫内胎儿以各种良好的精神刺激，除了避免过度愤怒、悲伤、焦虑等不良情绪刺激以外，适当地欢笑、激动、思考等还是十分必要的。

3 欣赏音乐

孕早期，准妈妈可以通过欣赏音乐的方式调节心情，愉悦情绪，给胎儿舒适的内环境，从妊娠6个月起，准妈妈可以让胎儿自己听音乐，以锻炼胎儿的听觉能力和对胎儿进行音乐熏陶。

4 语言训练

准父母通过动作和声音与腹中的胎儿对话，用文明礼貌、富有哲理的语言有目的的和胎儿讲话，给胎儿大脑新皮质输入语言印记，能促进胎儿出生后的语言及智力方面的良好发育。准父母可将日常生活中的事项及科学知识等简单明了地讲述给胎儿听，注意语言应丰富、生动，富有感情。

5 激发胎儿运动积极性

胎儿在第6～7周时，体重只有2～3克重，但已是五脏俱全，初具人形，并会做各种动作了，小至吞咽、眯眼、握拇指、握拳头，大到伸展四肢，转身、翻筋斗，到了第8周，胎儿就可以用头、手，以及身体的动作来表示喜欢和反感的情绪了。由于肢体的运动功能和大脑的思维活动相互促进，由此可通过按摩孕妇腹壁来训练和激发胎儿运动的积极性。

6 给胎儿美的熏陶

准妈妈在工作之余欣赏一些美的绘画、书法、雕塑及戏曲、舞蹈、影视作品，并常到大自然中去欣赏美景，不仅可使自身得到休息、娱乐并伴有清爽、舒适的感觉，还可以使人增长知识，增添青春的活力，胎儿在腹中也会得到灵性的熏陶。

科学胎教的内容还包括孕前夫妻双方的准备，受孕时机的科学选择以及妊娠期其他教育方法。现代科学认为，胎教可以改变、强化胎儿素质，使出生后的婴儿体格健壮，聪明可爱。

三、如何科学实施胎教

胎教的方法是极其重要的一环。今天我们所谈的胎教，尽管不能割裂古人对胎教的认识，但是，剔除古代胎教中的非科学成分，吸收现代科学知识，尊重科学，循序渐进地实施胎教，才是我们正确的做法。

那么，怎样才能科学地实施胎教呢？它主要表现在以下几个方面：

1 从生活起居上讲

准妈妈在怀孕期间，生活要有规律，要讲卫生，注重保健，饮食要均衡，忌烟戒酒，行动要安稳舒畅，注重科学的生活方式，常到郊外游玩，欣赏自然风景，保证充足的睡眠。

2 从生理上讲

准妈妈在怀孕期间，要常请医生检查身体及胎儿方位、指导调养，了解孕期的生理变化，注重身体健康，预防疾病，谨慎用药，节制性生活。

3 从心理上讲

准妈妈在怀孕期间，心理要平和，情绪要愉快，要尽量避免抑郁、悲伤、烦躁、惊恐和愤怒等不良情绪。

4 从认识上讲

准妈妈在怀孕期间，对胎儿进行胎教时要充满爱心，尊重科学，掌握必要的胎教知识，和准爸爸密切配合，循序渐进，避免急躁情绪，努力和胎儿沟通。耐心而满怀爱心地陪伴胎儿成长。

四、胎教应遵循的原则

自觉遵循胎教的基本原则，胎教原则是人们进行胎教时必须遵循的准则，是胎教成功的前提和保证。它反映了胎教的客观规律，同时也是千百年来胎教实践经验的概括和总结，贯穿于胎教的

整个过程之中，对具体的胎教活动起着极为重要的指导作用。

1 自觉性原则

自觉性原则要求准妈妈在正确认识胎教的重要意义的基础上，主动学习和运用胎教方法，有目的、有计划地进行胎教。

2 及时性原则

胎教过程具有不可逆转性，因此胎教必须尽早、及时地进行，否则错过了胎教的最佳时机，再采取措施就难以弥补了。一般来说，胎教的最关键时期是妊娠5~7个月。

3 科学性原则

以科学的教育学、心理学和生理学、优生学等理论为指导，根据胎教过程的基本规律，恰当地选择胎教方法，引导胎儿在母体内更顺利、更健康地成长。

4 个别性原则

根据准妈妈本人及其家庭的具体情况，选择适宜的方式方法。由于准妈妈的智力、能力、气质性格等许多方面都存在着个体差异。所以，胎教的途径和手段也应该随之而异。此外，家庭经济状况、文化背景和生活情趣等也会给胎教活动带来一系列影响。遵循个别性原则，能够扬长避短，收到较好的效果。

五、什么时候开始胎教

胎教从什么时候开始好？从广义上来讲，应该从择偶时开始。选择对象时就应考虑对方的思想品质、性格气质、健康状况以及相貌、教养、彼此的感情等多种因素。从狭义上来讲，则应从受孕，即新生命诞生的“人之初”开始。

幼儿具有很大的智力潜能（从胎儿时起），这与胎儿脑细胞的发育有关。人脑的140亿个神经细胞绝大部分是在3岁以前形成的，胎儿的脑神经发育从受孕后2周即开始分化，一直发育到3岁，出生后脑神经细胞急剧地生长出许多触突，互相联系，这时大脑主要的功能已基本完善。

脑细胞存在着很大的潜能，一般人只利用了其1/4，还有3/4的潜能未被开发，如果从胎儿期就开始进行超前教育，就可能最大限度地开发智力的潜能。因此，我们必须紧紧抓住这一重要时机，正确实施科学有效、切实可行的胎教手段，如音乐、语言、抚摸、运动、光照、营养、环境、情绪等，最大限度地开发胎儿的智力潜能，使其所有的能力在飞速发展的胎儿时期得到全面的发展，从而获得优越的先天遗传素质，使我们的孩子成为更加聪明健壮的优秀人才。

六、胎教的十大方法

胎教的实施方法很多，如果对其进行系统、科学地分类，应该分为下面十种主要方法。所有具体的胎教方法和措施，无论是早期的还是晚期的，单一的还是综合的，都基本属于这十种胎教的范畴。例如，斯瑟蒂克夫妇的胎教方法，是以意念胎教为主而综合其他的胎教方法。

胎教的十大方法是：①营养胎教，②运动胎教，③情绪胎教，④意念胎教，⑤环境胎教，⑥美学胎教，⑦抚触胎教，⑧光照胎教，⑨音乐胎教，⑩语言胎教。

1 营养胎教

营养胎教是根据妊娠期胎儿发育的特点，合理指导准妈妈摄取食品中的各种营养素，以促进胎儿的生长发育。

营养是胎儿生长发育的物质基础，大脑的发育需要特定的营养素，所以科学合理的营养供给也是胎教的前提。合理营养并非只是填饱肚子或者吃得越多越好。营养要全面，食品要多样，饮食要有规律，进食要适量。必须补充的营养素有：蛋白质、谷物类、维生素类、微量元素和无机盐类及必需脂肪酸。

实施时间 得知怀孕开始。

营养胎教的具体内容见本书第75～79页。

2 运动胎教

运动胎教是指准妈妈适时、适当地进行体育锻炼和帮助胎儿活动，以促进胎儿大脑及肌肉的健康发育。研究表明，凡是在宫内受过“体育”运动训练的胎儿，出生后翻身、坐立、爬行、走路及跳跃等动作的发育都明显早于一般的宝宝。此外，运动有利于准妈妈正常妊娠及顺利分娩。

实施时间 妊娠第5个月～第9个月。

运动胎教的具体内容，见本书第79～80页。

3 情绪胎教

情绪胎教，是通过对准妈妈的情绪进行调节，使之忘掉烦恼和忧虑，创造清新的氛围及和谐的心境，通过准妈妈的神经递质作用，促使胎儿的大脑得以良好的发育。

现代生理学研究发现，准妈妈的情绪和智力活动直接影响内分泌的种类和

量，而内分泌物质经血液流到胎儿体内，使胎儿受到或优或劣的影响。准妈妈心情稳定，因而会产生好的激素，这些好的激素会经由内分泌系统传输到胎盘，因而影响胎儿潜能的开发。

实施时间 得知怀孕开始。

情绪胎教的具体内容，详见本书第94~96页。

4 意念胎教

意念胎教，是指准妈妈积极展开美好的联想，在意识中形成令人愉悦的意念，从而对胎儿的生长发育产生积极的影响。

准妈妈与胎儿在心理与生理上都是相通的，从胎教的角度来看，准妈妈的想像是通过准妈妈的意念构成胎教的重要因素，转化、渗透在胎儿的身心感受之中。同时准妈妈在为胎儿形象的构想中，会使情绪达到最佳的状态，进而促进体内具有美容作用的激素增多，使胎儿面部器官的结构组合及皮肤的发育良好，从而塑造出自己理想中的胎儿。

意念胎教其实很宽泛，凡是将良好的心理感受传递给胎儿的有益过程，都属于这一范畴。如美学胎教，其实属于意念胎教，由于其从审美感受的角度进行胎教，自成体系、蕴涵丰富，所以专门独立出来。

实施时间 得知怀孕开始。

意念胎教的具体内容，详见本书第97~100页。

5 环境胎教

环境胎教是指，为胎儿营造一个良好、健康的内外生活环境，确保胎儿能够健康、愉快地成长。

胎儿所处的环境分可为内环境和外环境，内环境指的是胎儿居住于母体内的环境，外环境是准妈妈所处的生活环境、工作环境及心理环境。

外界环境的优劣能通过准妈妈感受传递给胎儿，因此准妈妈居室要安静、舒适、幽雅，还要经常到室外去散步，接触美好的自然环境。

实施时间 得知怀孕开始。

环境胎教的具体内容，详见本书第105~108页。

6 美学胎教

美学胎教，是指通过准妈妈的身心感受，将美的教育通过生化神经递质传输给胎儿，这样不仅可以促进胎宝宝大脑细胞和神经系统的发育，同时，也陶冶了准妈妈的情操，促进了准妈妈和胎儿的心理健康。

美学胎教是根据胎儿意识的存在，通过准妈妈对美的感受而将美的意识传递给

胎儿的胎教方法。美的意识主要源于三个方面：形象美、自然美和艺术美。

其实，准妈妈欣赏音乐属于美学胎教的范畴。但由于音乐不仅仅可供准妈妈审美，还可以调节环境氛围和人的情绪，也可以授之于胎儿的听觉，此外还有母唱儿听等非审美的音乐胎教方式，所以音乐胎教单列出来。

实施时间 得知怀孕开始。

美学胎教的具体内容，详见本书第109～118页。

7 抚触胎教

父母用手轻轻抚摸胎儿或轻轻拍打胎儿，通过准妈妈腹壁传达给胎儿，形成触觉上的刺激，促进胎儿感觉神经和大脑的发育。

经过抚摸训练出生的婴儿，肌肉活动力较强，对外界环境的反应较灵敏，在生后翻身、爬行、站立、行走等动作的发展上都能提早些。

在抚摸时应注意胎儿的反应，可引发胎儿“胎动应答”，但如胎儿用力踢腿，应停止抚摸，宫缩出现过早的准妈妈不宜使用抚触胎教法。

实施时间 妊娠第5个月开始。

抚触胎教的具体内容，详见本书第124～126页。

8 光照胎教

光照胎教，是指在胎儿期适时地给予光感刺激，促进胎儿视网膜光感受细胞的功能尽早完善。

适度的光照对视网膜以及视神经有益无害。利用彩色超声波观察，光照后，胎儿立即出现转头避光动作，同时，心率略有增加，脐动脉和脑动脉血流量亦均有所增加，这表明胎儿可以看到射入子宫内的光亮。胎儿的感觉功能中，视觉功能发育最晚，7个月的胎儿视网膜才具有感光功能。

实施时间 妊娠第8个月开始。

光照胎教的具体内容，详见本书第126～127页。

9 音乐胎教

通过对胎儿有规律地传输优良的乐性声波，促使其脑神经元的轴突、树突及突触的发育，为优化后天的智力及发展音乐天赋奠定基础，称为音乐胎教。

音乐的节奏作用于准妈妈，也能影响胎儿的生理节奏，使胎儿从音乐当中受到教育。

通过健康的音乐刺激，准妈妈从中获得安宁与享受，分泌酶和乙酰胆碱等物质，发送胎盘供血状况，同时使胎儿

心律平稳，对胎儿的大脑发育进行良好的刺激。

实施时间 从得知怀孕就可以开始。妊娠第4个月以后就可以针对胎儿放一些音乐。

音乐胎教的具体内容，详见本书第134～144页。

⑩语言胎教

准妈妈及家人使用文明礼貌、富于哲理和韵律的语言，有目的地对子宫中的胎儿讲话，给胎儿的大脑新皮质输入最初的语言印记，为后天的学习打下基础，此种方式称为语言胎教。

胎儿不断接受语言波的信息，使其在空白的大脑上增加“语音符号”。优美的语言不但可以刺激胎儿大脑的生长发育，而且可使准妈妈自身调节，进入愉快和宁静的状态。怀孕后期胎儿已具备了听力和感觉能力，对父母的言行会作出一定的反应，似乎有种“心理感应”，而且出生后在脑子里形成了记忆。

实施时间 妊娠第6个月开始。

语言胎教的具体内容，详见本书第150～166页。

七、其他胎教方式

①日记胎教

日记胎教是准妈妈将家里发生的事情、自己的工作经历、对胎宝宝的期望等，通过写日记的形式，讲述给胎宝宝的胎教方法。日记胎教可以记载平淡的日常生活、孕期检查等情况，既可以疏导准妈妈的心情，缓解紧张情绪，又可以成为记录宝宝成长的纪念册。

日记胎教是一种很好的情绪胎教的方法，也凝聚了爱的意念。

②阅读胎教

阅读胎教是指阅读对胎宝宝生长发育和孕期保健有作用的书籍，也是对胎宝宝进行胎教的一种方法。在阅读的过程中，准爸爸也可以很好地参与进来，为准妈妈和胎宝宝阅读图书，从而达到胎教全家总动员的效果，加深亲子关系和夫妻关系。

阅读胎教是一个综合运用情绪胎教、意念胎教、语言胎教的过程。

③视觉胎教

视觉胎教是指准妈妈通过欣赏视觉艺术使胎宝宝受到良好的艺术熏陶。

准妈妈可以通过名画鉴赏过程，为胎宝宝讲解绘画知识，也可以到博物馆或画展欣赏书法、绘画、陶艺等。视觉胎教还可以通过准妈妈的审美感受缓解紧张情绪。

从视觉艺术欣赏的角度进行的视觉胎教，显然属于美学胎教。

4 瑜伽胎教

瑜伽源于古印度，现已受到全社会的广泛欢迎。瑜伽胎教是根据准妈妈的身体调节而采取的，是节奏舒缓、动作轻柔的瑜伽运动。瑜伽胎教讲究人与自然的和谐、共鸣，从而使准妈妈情绪平稳、内心充实。瑜伽胎教也可以在很大程度上缓解孕期肌肉和情绪紧张，为分娩做充足的准备。

瑜伽的功用之一就是可以使身体、心智和精神达到平衡协调。孕妇在妊娠期间应当要尽可能地使自己的身体保持健康、情绪保持稳定。练习瑜伽可以让人充满自信、身心和谐，对身体健康和人生态度产生巨大的影响。

瑜伽胎教是运动胎教的一种。

5 清静胎教

清静胎教是通过呼吸、冥想等方法，调整准妈妈状态和心情的胎教方法。充满期待的想像，对加深准妈妈和胎宝宝的感情很有帮助。

清静胎教虽借用了气功、瑜伽冥想等方法，与运动和意念相关，但主要是为了调整心情状态，所以可归入情绪胎教。

6 BabyPlus胎教

“BabyPlus”是由美国BabyPlus公司发明的一种胎教工具。

“BabyPlus”由16种经科学设计的不同节奏的声音组成，这些音节模仿孕妇的心跳声并随着孕期的增加，节拍逐渐加快，胎儿可非常清晰地听到这些有节奏感的声音，同时，将听到的来自“BabyPlus”的声音与来自妈妈声音加以区别。

“BabyPlus”发出的声音尽管对成年人来说是单调乏味的，但它的节拍随着孕期不同而微妙的变化，却对胎儿的大脑发育非常有利。

显然，借助babyplus进行的胎教，是给予胎儿听觉信息。由于信息内容是各种节奏感的声音，所以可理解为一种特殊的音乐胎教。

斯瑟蒂克真经：

以胎儿为中心安排生活

胎教须知：

孕期饮食与日常保健

斯瑟蒂克真经：以胎儿为中心安排生活

学习斯瑟蒂克夫妇从生活方式开始改变

斯瑟蒂克夫妇制定了妊娠期间的胎教计划后，他们的意识中就再也离不开孩子，生活也是以孩子为中心。

他们结束了以前那种以两人为中心驾车到处跑的生活，因为这一时期必须要特别注意自己的身体。他们不再远途驱车兜风、游逛或到人多拥挤的地方买东西，也不会参加晚会直到很晚。饮酒和吸烟对胎儿的危害是不容置疑的，斯瑟蒂克夫妇俩也都没有饮酒和吸烟的习惯。

在妊娠初期，当你还没有意识到自己怀孕的时候，胎儿身体各器官的雏形已经形成。到了妊娠第2个月，胎儿脑和脊髓的神经细胞大约80％都已经长好，而且脊髓、视听觉器官、胃、肝脏等脏器的分化也开始了，并且接着开始有心跳……

在这一关键时期，胎儿如果受到外界大的不良刺激，就会阻碍胎儿脑、手脚的顺利发育。而这类不良刺激主要来自母亲服药、吸烟、饮酒或者患感冒、风疹等疾病因素。

很多物质都是通过胎盘由母体进入胎儿体内的，酒精也是如此。胎儿会很快因酒精而呈现醉态，母亲摄入的酒精不断被胎儿吸收，慢慢就会积累在胎儿的脑子里，从而造成不可挽回的后果。除了烟和酒，对胎儿有害的东西还有很多，作为一个母亲，只有掌握了这些知识并付诸行动，才能使胎教取得良好的效果。

亲人的协助使改变更有效

斯瑟蒂克夫人怀孕时，在饮食方面是十分注意的。

在美国，人们会习惯于一天喝一二十杯咖啡或红茶，而这样就会摄取过多的咖啡因。当时，斯瑟蒂克夫人到美国还不到一年，因为不习惯喝酒而很快成了咖啡派，但咖啡因对胎儿是有害的，因此斯瑟蒂克夫人首先对摄取咖啡因采取了对策。对一个咖啡派来说，不喝咖啡确实是相当难受的事情。

于是，斯瑟蒂克夫人就先买了一些不含咖啡因的咖啡，接着，为了减少喝咖啡的次数，她就在冰箱里放着含原汁100%的橘子水，而且每喝一杯橘子水总要放1/4茶匙的维生素C颗粒。维生素C无论是对胎儿的发育，还是对母亲的身体健康都是十分有益的，也许是因为斯瑟蒂克夫人经常喝这种特制的橘子水，所以才能不感冒且一直保持身体健康。

当然，饭桌上的蔬菜是早、中、晚三餐不可缺少的。同时，因为罐装食品的盐分含量高，所以他们就全部改吃新鲜蔬菜了，约瑟夫原来喜欢在蔬菜旁边放一大盘喜欢吃的肥肉，而这时他也为配合太太而改吃瘦肉和用酱酒调过味的鱼。

但他并没有对此感到不满，他也认为这样的饮食对胎儿，对他们夫妇自己的健康都有好处，所以很配合斯瑟蒂克夫人。他还常常看一些有关营养方面的书，给太太提一些很好的建议。

约瑟夫曾在一本书上看到说妊娠初期需要的营养有“矿物质、钙、磷、铁、维生素A、维生素B_1、维生素B_2、维生素C、维生素D、维生素E”，于是就常劝自己的太太多喝牛奶，多吃猪肉、菠菜等。

他一看到一些新的信息，就会马上在家里的“饮食改善条例”中加上一条。比如说“烤面包不放猪油”、“使用含铝的发酵粉做食品会堵塞脑血管，所以不买”、“不吃含糖量大的糖果”等。

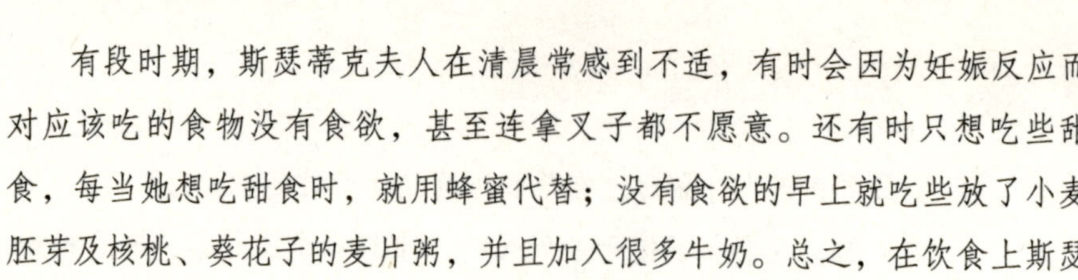

有段时期，斯瑟蒂克夫人在清晨常感到不适，有时会因为妊娠反应而对应该吃的食物没有食欲，甚至连拿叉子都不愿意。还有时只想吃些甜食，每当她想吃甜食时，就用蜂蜜代替；没有食欲的早上就吃些放了小麦胚芽及核桃、葵花子的麦片粥，并且加入很多牛奶。总之，在饮食上斯瑟蒂克夫人会竭力避免可能会给胎儿造成不良影响的饮食方式。

让繁琐变轻松

为了进行胎教，需要留出一段安静的时间。但是，家庭主妇的家务事常常很多，以致于许多人都会发出这样的牢骚：“主妇的家务事又多又杂，真够受的。”

但如果母亲每天忙于家务，并且心里感到不满的话，腹中的胎儿也会感到不安。因此，怀孕的主妇必须认识到，巧妙地处理好家务事也是进行胎教的一个基本要点。

斯瑟蒂克夫人曾说过，根据她自己的自身体会，做家务事时多数是在考虑干什么，或是因为惰性不愿动手去干而把时间都耽误了。另外，不能合理地安排家务事也会浪费很多时间。

所以她想了一个提高做家务事效率的窍门，即事先把每日的打扫工作、食谱以及外出计划定下来。比如说：星期一，打扫起居室、卧室外的地毯和家具；星期二，打扫和整理厨房；星期三，冲洗厕所和浴室；星期四，擦拭窗户和门框；星期一和星期四购物等。食谱也按日子定下正餐主菜，像鸡、鱼类、肉馅等。

事实上，只要制定出一个适合自己生活规律的日程表，那么以上所有的问题就都能迎刃而解了。

胎教须知：孕期饮食与日常保健

一、孕期饮食基本要求

1 三餐定时

最理想的吃饭时间为早餐7～8点、午餐12点、晚餐6～7点，不论多忙碌，都应该按时吃饭。

2 三餐定量

三餐都不宜囫囵或合并，且分量要足够，注意热量摄取与营养的均衡，平分在各餐之中。

3 三餐定点

一边吃饭一边做别的事，例如开会或看电视都是不好的习惯。如果你希望将来宝宝能专心在餐桌旁吃饭，那么你就应该在吃饭的时候固定在一个地点。进食过程从容不迫，保持心情愉快，且不被干扰或打断用餐。

4 以天然的食物为主

准妈妈应尽量多吃天然的食物，如五谷、青菜、新鲜水果等，烹调时也应以保留食物原味为主，少用调味品。另外，少吃“垃圾食品”。让宝宝在母亲腹中就习惯此种饮食模式，加上日后的用心培养，相信母亲一定能减少为孩子饮食习惯的担心。

二、孕期营养胎教要点

孕期的饮食营养是至关重要的。由于孕期营养与胎儿的健康发育直接相关，所以，孕期的营养保健也称为营养胎教。

1 孕早期所需重要营养

叶酸 补充叶酸可以防止贫血、早产、胎儿神经器官缺陷等，这在孕早期尤为重要，因为孕早期正是胎儿神经器官发育的关键时期。准妈妈要常吃富含叶酸的食物，除此以外，还可以口服叶酸片来保证每日所需的叶酸。

维生素C 妊娠第2个月，有些准妈妈会发现自己在刷牙时牙龈出血，适量补充维生素C能缓解牙龈出血的现象。同时，可以帮助提高机体抵抗力，预防牙齿疾病。生活中的维生素C来源于新鲜的水果蔬菜，比如青椒、菜花、白菜、蕃茄、黄瓜、菠菜、柠檬、草莓、苹果等。

维生素B_6 对于那些受孕吐困扰的准妈妈来说，维生素B_6便是妊娠呕吐的克星。维生素B_6在麦芽糖中含量最高，每天吃1～2勺麦芽糖不仅可以抑制妊娠呕吐，而且能使孕妇精力充沛。富含维生素B_6的植物性食物有香蕉、马铃薯、黄豆、胡萝卜、核桃、花生、菠菜等。动物性食物中以瘦猪肉、鸡肉、鸡蛋、鱼类等维生素B_6含量较多。

镁 镁不仅有利于胎儿肌肉的生长，而且还有助于骨骼的正常发育。近期研究表明，妊娠头3个月摄取的镁的数量关系到新生儿身高、体重和头围大小。在色拉油、绿叶蔬菜、坚果、大豆、南瓜、甜瓜、葵花籽和全麦食品中都很容易找到镁。另外，镁对准妈妈的子宫肌肉恢复也很有好处。

维生素A 胎儿发育的整个过程都需要维生素A，它尤其能保证胎儿皮肤、胃肠道和肺部的健康。妊娠的头3个月，胎儿自己还不能储存维生素A，因此准妈妈一定要供应充足。甘薯、南瓜、菠菜、芒果都含有大量的维生素A。

优质蛋白质 除母体生理变化需要蛋白质外，胚胎发育过程中也在以一定的速度贮存蛋白质。由于早期胚胎缺乏合成蛋白质的酶，所需的蛋白质不能自身合成，全部需由母体供给。因此孕早期蛋白质的摄入量不应低于非孕时的摄入量。同时选用容易消化、吸收的优质蛋白质，如畜禽肉类、乳类、蛋类、鱼类及豆制品等。蛋白质应至少摄入40克/日（相当于粮食200克加鸡蛋2个和瘦肉50克），才能维持母体的蛋白质平衡。

能量 孕早期基础代谢增加不明显，胚胎生长缓慢，母体体重、乳房和子宫等组织变化不太大，所以需要适当的能量。孕早期准妈妈每天须摄入150克以上的碳水化物（约合粮食200克），以免因饥饿而使母体血中酮体蓄积，并积聚于羊水中，为胎儿所利用。含碳水化合物的食物包括面粉、大米、玉米、小米、薯类等。

无机盐、微量元素和维生素 胚胎早期锌缺乏可导致胎儿生长迟缓，骨骼和内脏畸形，还会干扰中枢神经细胞的有丝分裂和分化，导致中枢神经系统畸形。孕早期铜摄入不足，也可导致胎儿骨骼、内脏畸形。富含锌、铜、铁、钙等矿物质的食物有畜禽肉类及内脏、核桃、芝麻等。乳类、豆类、海产品等含钙量丰富，也应注意摄取。孕早期妇女因代谢改变和妊娠反应，应有充足的维生素补充。孕妇如味觉异常，经常呕吐，要补充维生素B_1、维生素B_2和维生

素B_6以及维生素C。严重呕吐者应多食蔬菜、水果等碱性食物，以防酸中毒。

2 孕中期所需重要营养

锌 孕中期准妈妈需要增加锌的摄入量。准妈妈如果缺锌，会影响胎宝宝在宫内的生长，会使胎儿的脑、心脏等重要器官发育不良。缺锌会造成准妈妈味觉、嗅觉异常，食欲减退，消化和吸收功能不良，免疫力降低，这样势必造成胎儿宫内发育迟缓。补锌也要适量，每天膳食中锌的补充量不宜超过45毫克。

钙 准妈妈妊娠5个月后，胎宝宝的骨骼和牙齿生长得特别快，是迅速钙化时期，对钙质的需求剧增。因此从本月起，牛奶、孕妇奶粉或酸奶是准妈妈每天必不可少的补钙饮品。需要注意的是，钙的补充要贯穿于整个孕期。

维生素D 在补钙的同时，也应补充维生素D，因为维生素D可以促进钙的有效吸收，准妈妈要多吃鱼类、鸡蛋，另外晒太阳也能制造维生素D，准妈妈可以适当晒晒太阳。

铁 孕中期准妈妈和胎宝宝的营养需要量都在猛增。许多准妈妈开始出现贫血症状。铁是组成红细胞的重要元素之一，所以，本阶段尤其要注意铁元素的摄入。

为避免发生缺铁性贫血，准妈妈应该注意膳食的调配，有意识地吃一些含铁质丰富的蔬菜、动物肝脏、瘦肉、鸡蛋等。还可以从这个月开始每天口服0.3～0.6克硫酸亚铁。

能量 孕中期准妈妈的基础代谢加速，糖利用增加，能量的需要量每日比孕早期增加约1.25兆焦耳。但据调查，大部分妇女在妊娠5个月后都换做轻松的工作，家务劳动和其他活动有所减少。因此，热能的增加应依据劳动强度，活动量的大小因人而异，最好是观察准妈妈体重的基本情况。妊娠中、晚期体重增加应控制在每周0.3～0.5千克。

蛋白质 孕中期胎儿脑细胞分化发育处于第一个高峰，蛋白质的缺乏可导致脑细胞的永久性减少，而且动物性蛋白质最好占全部蛋白质摄入量的一半以上。世界卫生组织建议每日增加优质蛋白质9克，相当于牛乳300毫升或鸡蛋2个或瘦肉50克。如以植物性食品为主，则每日应增加蛋白质15克（相当于干黄豆40克或豆腐200克或豆腐干75克或主食200克）。中国建议的标准为每日增加蛋白质15克，动物蛋白以占总蛋白质量的1/2为宜。

维生素B_1、维生素B_2 维生素B_1、维生素B_2以及尼克酸与机体的物质代谢

关系密切，维生素B_1主要参与机体的碳水化合物代谢，维生素B_2、尼克酸则参与机体的碳水化合物、脂肪以及蛋白质的代谢。孕中期，孕妇体内能量及蛋白质代谢加快，对这些维生素的需要量也逐渐增加。

维生素B_{12} 维生素B_{12}的功能在于作为机体所需辅酶参与代谢。它在中枢神经系统与红细胞生成过程中作用显著。妊娠期间维生素B_{12}供给不足，孕妇常患有巨幼红细胞性贫血，新生儿也可能患有贫血。

叶酸 叶酸在核糖核酸、脱氧核糖核酸的合成中十分重要。妊娠期雌激素、前雌激素的分泌增加会影响叶酸的代谢。孕中期孕妇及胎儿生长发育对叶酸的需求量也增加。加之孕中期胃酸分泌减少，胃肠功能减弱，吸收率较低，更要求膳食中有充足的叶酸供给。孕中期叶酸缺乏，核酸形成减少，会影响红细胞成熟，从而引起巨幼红细胞性贫血。

维生素C 维生素C能促进组织中的胶原形成。缺乏时会令胶原不足，细胞间隙增大，血液便容易通过这些间隙，以致易于产生毛细血管出血，严重时可产生坏血病。胎儿生长发育需要大量维生素C，它对胎儿骨、齿的正常发育，造血系统的健全和机体抵抗力等有促进作用。

维生素A 维生素A对维持母婴上皮细胞功能以及胎儿骨骼发育有重要作用。妊娠期间维生素A除了维持母亲机体功能及胎儿生长发育之需外，胎儿还要贮存一定量的维生素A于肝脏，以备出生后应急之用。

脂肪 脂肪是提高能量的重要物质。孕中期，脂肪开始在孕妇的腹壁、背部、大腿及乳房等部位存积，为分娩和产后做能量贮存。妊娠24周时，胎儿也开始贮备脂肪。脂肪还是构成脑和神经组织的重要成分，必要脂肪酸缺乏时，可推迟脑细胞的分裂增殖。脂肪供给以占总能量的20%～25%为宜。

3 孕晚期所需重点营养

碳水化合物 妊娠第8个月，胎儿开始在肝脏和皮下储存糖原及脂肪。此时如果碳水化合物摄入不足，将造成蛋白质缺乏或酮症酸中毒，所以孕晚期应保证热量的供给，增加主粮的摄入，如大米、面粉等。准妈妈每天平均需要进食400g左右的谷类食品，这对保证热量供给、节省蛋白质有重要意义。另外在米、面主食之外，要应增加一些粗粮，比如小米、玉米、燕麦片等。

膳食纤维 孕晚期，逐渐增大的胎宝宝给准妈妈带来负担，准妈妈很容易

发生便秘，而便秘又容易引发痔疮。为了缓解便秘带来的痛苦，准妈妈应该注意摄取足够量的膳食纤维，以促进肠道蠕动。全麦面包、芹菜、胡萝卜、白薯、土豆、豆芽、菜花等各种新鲜蔬菜水果中都含有丰富的膳食纤维。

维生素B_1 最后一个月里，必须补充各类维生素和足够的铁、钙，充足的水溶性维生素，尤其以维生素B_1最为重要。如果维生素B_1不足，易引起准妈妈呕吐、倦怠、体乏，还会影响分娩时的子宫收缩，使产程延长，导致难产。维生素B_1在海鱼中的含量比较高。

豆类蛋白质 孕晚期除保证畜禽肉、鱼肉、蛋、奶等动物性食品摄入外，可多增加一些豆类蛋白质，如豆腐和豆浆。这两种食品都是大豆食品的精华，它包含了大豆的全部营养成分，蛋白质含量丰富，并除去了难以消化的纤维素和大豆中的抗营养因子，提高了蛋白质消化吸收率。豆腐的营养价值与牛肉和猪肉相比毫不逊色。

钙 为了满足大量钙的需要，应选择食用海带、紫菜、虾米、虾皮等食物。紫菜不仅钙含量高，而且是理想的蛋白质，可以与蛋白质食品相比，如大豆含蛋白质36.3%，紫菜为29%～35.6%，奶酪为25.2%。

三、孕期的运动计划

孕期不仅要保证充足的营养供应，还应该进行合理的、适当的运动。

由于母体运动会带动胎儿活动，有利于胎儿大脑及肌肉的健康发育，所以孕期的合理运动也称为运动胎教。

运动方式要以“慢、轻、缓”为主，避免过于刺激和猛烈的运动。下面为孕妈妈具体介绍孕期的运动方法。

1 孕早期“慢”运动

头3个月里，由于胚胎正处于发育阶段，特别是胎盘和母体子宫壁的连接还不紧密，很可能由于动作的不当使子宫受到震动，使胎盘脱落而造成流产。尽量选择慢一些的运动，像跳跃、扭曲或快速旋转这样的运动千万不能做。

除了保证足够的睡眠，一定要安排些运动。千万别闷坐在家里或躺在床上，出来散散步吧，或者慢跑也是可以的。这是非常适合孕早期妈妈的运动，宝宝还不是很大，你也不会太辛苦。散步和慢跑可以帮助消化、促进血液循环、增加心肺功能，而打沙弧球和台球是调节心情的运动方式。运动的目的是让孕妇在身体和心理上适应孕期环境，保证母胎健康和平安。

2 孕中期“轻”运动

进入孕中期，早孕反应过去了，心情舒畅了许多。这预示着妊娠进入了稳定期。此时胎盘已经形成，加上胎盘和羊水的屏障作用，可缓冲外界的刺激，使胎儿得到有效的保护。

孕中期可适度地进行体育锻炼，游泳、球操、跳慢舞都是可行的运动项目。在国外，游泳是孕妇普遍参加的一项活动。

孕期游泳能增强心肺功能，而且水里浮力大，可以减轻关节的负荷，消除浮肿、缓解静脉曲张，不易扭伤肌肉和关节。游泳要选择卫生条件好、人少的室内游泳馆进行。下水前先做一下热身，让身体适应水的温度，游泳以无劳累感为佳。这样的运动有益于母亲的消化吸收和胎儿的成长发育。

一定要根据自己的情况来做运动。除了游泳，还可以做一些轻微的活动，如散步、坐坐健身球等。

孕中期体重增加，身体失衡，孕妈妈在还未完全适应时，切记不要做爬山、登高、蹦跳之类容易失衡的运动，以免发生意外。

3 孕晚期“缓”运动

随着妊娠月份的增加，准妈妈的肚子逐渐突出，使身体的重心向前移，准妈妈的背部及腰部的肌肉常处在紧张状态。此外，增大的子宫对腰部神经的压迫，也是造成腰背疼痛的原因。

这时候运动的目的是舒展和活动筋骨，以稍慢的体操为主。比如简单的伸展运动：坐在垫子上屈伸双腿；平躺下来，轻轻扭动骨盆等简单动作。这些运动能加强骨盆关节和腰部肌肉的柔软性，既能松弛骨盆和腰部关节，又可以使产道出口肌肉柔软，同时还能锻炼下腹部肌肉。每次做操时间在5～10分钟左右就可以了。

另外，产前做瑜伽对于分娩时调整呼吸很有帮助，而一些棋类活动能够起到安定心神的作用。

临近预产期的准妈妈，体重增加，身体负担很重，这时候运动一定要注意安全，本着对分娩有利的原则，千万不能过于疲劳。在运动时，控制运动强度很重要：脉搏不要超过140次/分，体温不要超过38℃，时间以30～40分钟为宜。不要久站久坐或长时间走路。

四、孕期洗澡注意事项

洗个澡能促进血液循环、消除疲劳，尤其是孕妇，身体的新陈代谢增加，心情也会跟着愉快起来。但孕妇洗澡不能随意，在洗澡过程中应注意以下几个方面：

1 最好采用淋浴

妊娠期间，由于身体内激素的分泌发生了变化，使阴道分泌物的酸碱性改变，阴道对外来病菌的抵抗力降低，盆浴时，浴后的脏水可进入阴道，进而引起宫颈炎、附件炎，有时还会导致宫内感染，引起早产，尤其是妊娠后期更易发生这种情况。因此，孕妇不宜盆浴，更不要到公共浴池去洗澡。

2 洗澡时间忌过长

孕妇洗澡时间过长，会造成胎儿缺氧，胎儿如果脑缺氧时间过长，则会影响神经系统的生长发育。因此，孕妇的洗澡时间不宜超过15分钟，或以孕妇本身不出现头昏、胸闷为度。

3 水温不宜过高

洗澡水温过高，会危害胎儿的中枢神经系统。孕妇体温比正常体温高1.5℃时，胎儿细胞发育可能停滞；上升3℃时，则有杀死胎儿脑细胞的危险。因此，孕妇洗澡的水温不宜超过39℃。

4 避免滑倒

孕妇身重，行动不灵便，为确保安全，洗澡时应扶着墙边站稳，防止滑跌。特别在孕晚期，由于行动不便，或合并高血压、水肿等，最好请家属帮忙。

五、日常生活注意事项

孕妇在妊娠期间进行适度的家务劳动，对母子健康都有益，家务劳动能增强孕妇体质，提高免疫功能，有效地防止多种疾病的发生。但在做家务的同时也得考虑到宝宝的存在，要量力而为，掌握一定的尺度。具体说来，孕妇应注意以下几方面的情况。

（1）不宜登高去打扫卫生，不要去搬动沉重的东西，因为这些动作既危险，又压迫腹部。弯腰用抹布擦东西的活也要少干或不干，在妊娠后期最好是不干。同时也别在庭院干除草一类的活，因长时间蹲坐，骨盆充血，也易流产。

（2）冬天在寒冷的地方打扫卫生时，不能和冷水长时间打交道，因身体着凉会导致流产。

（3）做饭时为避免脚部疲劳、浮肿，能坐在椅子上操作的就坐着做。孕晚期注意不要让灶台压迫突出的大肚子。

（4）出去买东西要选择人少的时候，以免在人群中被撞到腹部，或被传染上感冒。去大商店尽量别爬楼梯，要利用电梯。一次别买太多的东西，必要时可分几次去买。不要骑自行车出去买东西，特别是在妊娠后期，因骑自行车时腿部用力的动作太大，易引起流产。

（5）洗完衣服晾晒时，因为是向上伸腰的动作，要肚子用力，因此要特别小心才不会发生诸如流产等问题，也可以把晾衣杆高度降低。并且，洗的衣服太多时要干一会儿歇一会儿，才不会因长时间站立造成下半身出现浮肿等。熨衣服要在高矮适中的台上进行，并且是坐在椅子上更合适。抱被子和晾被子之类的事，应由准爸爸去做，因为孕妇做这些活会压迫腹部，影响胎儿发育。

（6）踏缝纫机时，腹部要用力，也应尽量避免。如能使用电动缝纫机，振动不到腹部还可以，但在使用过程中，若感到腹部不舒服，就该马上停下来。

六、孕期自我监测

孕妇进行简易的自我监护可以及时发现妊娠并发症，预防早产，减少难产的发生率。家庭自我监护的内容很多，主要有以下三项：

1 胎动计数

这是预测胎儿在宫内安危的重要指征。一般在怀孕4个月以后，孕妇可感觉到胎动，但对于第一次做妈妈的人，也可能要等到怀孕5个月才感到胎动。

在妊娠28～32周时，胎动达到高峰，38周后逐渐减少。一天中胎动以下午2～3时最少，晚上8～11时最频繁，故测胎动不能随便数一个时间段宝宝动了多少次就行，而应在每日早、中、晚各测1小时（晚上须在8～10点进行），然后将所测的胎动数相加乘以4，即得到12小时的胎动总数。这个数若小于20次则提示胎儿在宫内有缺氧情况，如果胎动突然消失，应立即到医院诊治以保证胎儿的安全。需要说明的是胎儿开始动到停止算一次胎动，像转身一类的大动作可能要一系列胎动持续几十秒后才会停下来，这样也算作一次。每日测量的三个时段最好取相同的时间。

2 听胎心音

怀孕5个月左右可以听到胎儿心跳的声音。腹壁厚的孕妇常要到稍晚些才能听到。胎心音系双音，第一音和第二音相接近，如钟表的滴嗒声，次数在每分钟120～160次之间。听胎心音要求每日至少一次，每次不得少于1分钟，若

超过正常范围，且有胎动，可等待胎动结束，若无胎动，则嘱咐孕妇向左侧卧位或等待5分钟后再听一次，如仍为不正常，则应到医院去诊治。若胎心音出现时快时慢不规则的情况，也说明胎儿有危险，应立刻到医院检查。

准爸爸直接将耳朵贴于准妈妈腹前壁听胎心，是最简单的自我监护方法之一，一般胎儿背部一侧胎心较响亮。

3 测宫底高度

宫底高度可以了解胎儿在子宫内的生长情况。一般妊娠6个月可长到与肚脐相平，9个月时在胸骨剑突下三横指位置，8个月时在肚脐和剑突连线的中点上。

宫底高度可以每周测量一次。若连续2～3周宫底高度无变化，或宫高明显

表4　孕期10个月子宫大小和宫底高的大致变化

月份	子宫大小与宫底变化
孕1月末	子宫比孕前略增大一些，像个鸭蛋
孕2月末	子宫增大至拳头般大小
孕3月末	子宫底约在耻骨联合上缘2～3横指
孕4月末	子宫底达脐和耻骨联合上缘之间
孕5月末	子宫底在脐下2横指
孕6月末	子宫底与肚脐持平
孕7月末	子宫底在脐上3横指
孕8月末	子宫底在脐和剑突之间
孕9月末	子宫底在本月达到最高点，在剑突下2横指
孕10月末	本月胎头下降入骨盆，宫底下降回复到孕8月末的水平

低于妊娠月份，应及时到医院查找病因。如果过分高于妊娠月份也应到医院检查，以排除羊水过多、滋养细胞疾病等，还可了解是否有多胎妊娠。

孕期10个月子宫大小和宫底高的大致变化见表4。

4 测量腹围

从孕16周开始测量腹围，准妈妈取立位，以肚脐为准，水平绕腹一周，测得数值即为腹围。

腹围平均每周增长0.8厘米。怀孕20～24周时增长最快；怀孕34周后，腹围增长速度减慢。如果以妊娠16周测量的腹围为基数，到足月，平均增长值为21厘米。不按数值增长时，通常会给孕妇带来担忧和困惑。实际上，每个孕妇腹围的增长情况并不完全相同。这是因为：

（1）未孕时每个人的胖瘦不同，腹围也不同。

（2）孕后腹围的增长不仅仅是由胎儿和子宫的增大所致，孕妇本人的因素也占很大比例。

（3）有的孕妇有妊娠反应，进食不是很好，早期腹围增加并不明显。待反应消失，食欲增加。

（4）有的孕妇自孕后体重迅速增加，腹部皮下脂肪较快增厚，不但腰围增粗，腹围也较其他人增长快。

（5）有的孕妇水钠潴留明显，会使腹围增加明显。

所以，单以腹围的增长来衡量子宫和胎儿的增长情况是有局限性的，也是片面的，应该结合其他检查综合分析。

5 监测体重

随着妊娠月份的增长，母亲体重随之增加，其中除了胎儿的肌肉、骨骼、内脏及其他组织不断生长外，还有胎盘、羊水、母体的脂肪、乳房等。到分娩前，不论孕妇孕前体重是多是少，孕妇体重应比孕前平均增加11～13.5千克，不得少于9千克。其中妊娠前半期增加总量的1/3，后半期增加约2/3。即妊娠1～12周增加2～3千克，妊娠13～28周增加4～5千克，妊娠29～40周增加5～5.5千克。一般情况下，孕早期由于早孕反应，孕妇会厌食、挑食，甚至呕吐，体重增加不明显。到妊娠13周以后，孕妇食欲增加，食量大增，体重逐渐增加，每周增重350克左右，不超过500克，直到足月。

如果体重增加明显少于平均数，则说明胎儿宫内发育迟缓、早产、死胎的危险性增加。如果体重增加过多，则有羊水过多、多胎妊娠、葡萄胎等可能。

准妈妈孕期体重增加情况见表5。

表5　孕期体重增加表（单位：克）

	孕10周	孕20周	孕30周	孕40周
胎儿	5	300	1500	3400
胎盘	20	170	430	650
羊水	30	250	750	800
子宫	140	320	600	970
乳房	45	180	360	405
血液	100	600	1300	1250
组织间液	0	30	801	680
脂肪	326	2050	3480	3345
总计	666	900	9221	11500

七、孕期用药基本原则

孕期用药是件大事，对于准妈妈及其家属，了解孕期用药原则是非常必要的。只要掌握以下10大原则，面对多变的情况也不会出差错。

1 让医生知情

有受孕可能的妇女用药时，需注意月经是否过期;孕妇看病就诊时，应告诉医生自己已怀孕和妊娠时间，而任何一位医生在对育龄妇女问病时都应询问末次月经及受孕情况。

2 用药目的明确

用药有明确的指征和适应症，既不能不明病情滥用，也不能有病不用。有病不用药，疾病同样会影响胎儿。

3 保守原则

能少用的药物决不多用，可用可不用的尽量不用。尤其是在妊娠的头3个月，能不用就不用，能暂时停用就暂停使用。

4 选优原则

当两种以上的药物有相同或相似的疗效时，就考虑选用对胎儿危害较小的药物。

5 避免未知风险

能单独用药就避免联合用药，能用疗效比较好的常用的药物就不用比较新的药。试验性用药，包括妊娠试验用药，就更要谨慎。

6 权衡已知风险

已肯定的致畸药物应禁止使用。但如果孕妇病情危重，则须慎重权衡利弊和风险后，方可考虑使用。

7 时间及剂量控制

用药必须注意孕周，严格掌握剂量、持续时间。尽量缩短用药疗程，病情控制后及时停药。

8 切忌自选自用

切忌自选自用药物，或听信偏方、秘方，以防发生意外。自己用药一定在医生的指导下使用已证明对胚胎与胎儿无害的药物。

9 遵循用药说明

服用药物，注意包装上的“孕妇慎用、忌用、禁用”字样。

10 是否终止妊娠

孕妇误服致畸或可能致畸的药物后，应找医师根据自已的妊娠时间、用药量及用药时间长短，结合自己的年龄及胎次等问题综合考虑是否要终止妊娠。

八、孕期应回避的工作

现在越来越多的女性怀孕后也一样坚持上班，上班族准妈妈可以参加一般日常工作，但为了胎宝宝的身体健康，怀孕后准妈妈就要回避可能对胎儿造成危害的场所，如果你从事的工作会对胎宝宝造成危害，应立即停止或调换到其他岗位。应回避以下工作：

1 繁重的体力劳动

繁重的体力劳动消耗热量很多，增加心脏的血液输出量，加重上班族孕妇的负担，会影响胎儿的生长发育，甚至造成流产、早产。

2 频繁弯腰、下蹲或攀高的工作

长时间蹲位或弯腰会压迫腹部，影响胎儿发育，引起流产、早产。孕晚期，行动不便，且常伴有下肢浮肿，更不适宜参加这类工作。

3 高空或危险作业

有跌落危险的作业，距地面2米以上高度的作业以及其他有发生意外事故危险的作业不宜参加。

4 接触化学有毒物质或放射性物质等的作业

化学有毒物质及放射性物质等有致畸、致癌作用，严重危害母子健康。化学物质中的铅、汞、砷、氮化物、一氧化碳、氮气、苯、甲苯、二甲苯、环氧乙烷、苯胺、甲醛等，在空气中的浓度如超过卫生标准时，上班族孕妇不宜在此环境下工作。此外，超过卫生防护要求的放射性作业，环境噪声超过卫生标准的作业，上班族孕妇也不宜参加。

5 高温作业、振动作业和噪声过大的工种

有关研究结果表明，工作环境温度过高，或振动剧烈，或噪声过大，均可对胎儿的生长发育造成不良影响。

6 接触电磁辐射的工作

有关研究结果表明，电磁辐射对胎儿来说是看不见的凶手，可严重损害胎儿，甚至会造成畸胎、先天愚型和死胎。所以，接触工业生产放射性物质，从事电磁辐射研究、电视机生产以及医疗部门的放射线工作的人员要加强防护。

7 接触动物的工作

动物常携带病菌，可通过准妈妈感染胎儿，导致胎儿发育异常。例如猫携带的弓形体病菌可以侵入胎儿的中枢神经，形成脑积水、无脑儿或出现视网膜异常。

8 医务工作者

这类人员在传染病流行期间，经常与患各种病毒感染的病人密切接触，

而这些病毒（主要是风疹病毒、流感病毒、巨细胞病毒等）会对胎儿造成严重危害。因此，临床医务人员在计划受孕或早孕阶段若正值病毒性传染病流行期间，最好加强自我保健，严防病毒危害。

九、孕期“性”福生活

1 孕早期应尽量避免

妊娠前3个月，孕妇的内分泌机能产生改变，胚胎正处于发育阶段，特别是胎盘和母体子宫壁的连接此时还不够紧密，如果进行性生活，很可能因为动作不当或过度兴奋，使子宫受到震动，让胎盘脱落、出血，造成流产。即使性生活时十分小心，但是由于骨盆腔充血，子宫收缩，也容易造成流产，所以应尽量避免。

2 孕中期适度最关键

此时胎盘已形成，妊娠较稳定；早孕反应也过去了，性欲增加，适度地进行性生活，有益于夫妻恩爱和胎儿的健康发育，但也不是多多益善，须合理安排。此时的性生活以每周1～2次为宜，性交可采取夫妻双方习惯和舒适的姿势，但要注意不要压迫腹部。

3 孕晚期需特别注意

怀孕8个月以后，胎儿生长迅速，子宫明显增大，孕妇的肚子在此时期会快速的膨胀起来，会感到腰痛，身体懒得动，性欲减退。这时夫妻间应尽可能减少性生活，若一定要有性生活，则必须节制，并注意体位，还要控制性生活的频率及时间，动作不宜粗暴、插入过深，以免发生意外。临产前1个月或者3星期时必须禁止性交。因为这个时期胎儿已经成熟。为了迎接胎儿的出世，孕妇的子宫已经下降，子宫口逐渐张开。如果这时性交，羊水感染的可能性更大。

PART 7

斯瑟蒂克真经：

关键是母亲的情绪和态度

理论与方法：

情绪胎教和意念胎教

斯瑟蒂克真经：关键是母亲的情绪和态度

胎儿强大的感知力

就胎教效果而言，母亲对待胎教的态度以及胎教中所怀有的情绪是极为重要的。

近年来，专家们开始着手研究胎儿感受到母亲心情时作出的反应，并且收集了很多研究资料，最后得到了一个明确的结论：

当母亲愤怒、不安、悲伤时，身体内分泌出来的激素及其大脑生成的物质会通过胎盘传递给胎儿，这样会使胎儿陷入和母亲一样的精神状态，即母亲的感情信息，是通过激素传递给胎儿的，但反映出来的好像是孩子领会了母亲的感情和思维。

斯瑟蒂克夫人怀孕的时候，她的丈夫约瑟夫经常对她说："最理解母亲心情的是你腹中的胎儿。如果你把注意力集中在胎儿身上，那么你对他说的话、想教他的东西就一定会被他接受。另一方面，绝对不能对他持有毫不负责或者抱怨的态度。另外，焦虑和不安的情绪也是不好的。为此，你要经常保持一种安详、和蔼和稳定的情绪，保护这个小生命，直到他来到这个世界上。只有这样，胎儿才能安心地倾听你说的话，学到更多的东西。"

斯瑟蒂克夫人说虽然不知道母亲害怕、生气、心神不安的时候，胎儿会有什么样的反应，但她却坚信母子之间是心心相印、彼此影响的。

斯瑟蒂克夫人甚至相信：胎儿在母体内不仅能看到、听到、感觉到很多东西，而且胎儿还能领会到母亲所感觉和思考的问题。

她说听朋友讲，胎儿好像很能领会母亲情绪的波动，当母亲非常生气

或十分恐惧时，胎儿就会用力踢母亲的腹部；而当母亲闷闷不乐时，即便是平时很活跃的孩子也会像是没有力气一样，一动不动。

有一本书介绍了一个以哺乳动物猴子为对象的实验。实验结果显示了母猴的精神紧张对胎内小猴的心跳、血压造成负面影响。

同为哺乳动物的人类，恐怕也会产生类似的结果。这也就是说：

母亲的情绪不安和精神紧张，对大人本身来说或许无关紧要，但对生长迅速、发育过程复杂的胎儿来说却是举足轻重的，对胎儿的影响也是复杂而不利的。

斯瑟蒂克夫人接触过很多孕妇，发现许多孕妇可能和自己一样，都有过这样的体会，那就是胎儿在腹中无论怎么闹，母亲只要一唱摇篮曲，胎儿就会安静下来。斯瑟蒂克夫人解释说，这是因为胎儿听到母亲和谐声音的缘故，同时，还因为孩子敏感地察觉到母亲对他的爱，因而安下心来。

斯瑟蒂克夫人经常在风和日丽的下午，到离家不远的小路上散步。这是一条安静的林荫小道。听着啾啾的鸟鸣声，心情就会变得格外轻松愉快。斯瑟蒂克夫人说，这时她能感觉到腹中的胎儿好像在很舒服地舒展着他的小身体。

怀孕时斯瑟蒂克夫人常常告诫自己，如果母亲常怀有一种平静、开朗、和蔼的心情，那么受此影响，胎儿就会完成良好的身心发育。所以，在怀孕期间，斯瑟蒂克夫人没有生过气，没有和约瑟夫吵过架，也没有让任何事使自己心神不安。

在好情绪中让胎儿获得安全感

实子说，人们一定能体会并注意到，所有从事新发现、新创造所需要的勇气和力量，都来自于他们因为被爱而产生的安全感。这一点，无论谁都是一样的。

我们大家也都是在受到保护，并确实感到自己的归属有保障的时候，也就是说，在得到支持和认同的时候，才能够顺利地、充分地发挥自己所具有的能力。

在进行胎教时，教什么，教多少，教到什么时候，这些并没有一定的规定。时间充裕的人可以教更多的东西，而没有时间的人只反复教字母和算术也并非不可，但不可缺少的是父母的“爱情”。如果母亲缺乏一份温暖柔和的深情，即使环境再好，教的东西再多，胎儿也不会接受。

胎儿与母亲是心心相印的，胎儿在母亲怀孕期间所留下的印象，甚至在出生后仍然会左右他的意识。

在怀孕期间，斯瑟蒂克夫人也为将要出生的孩子做了一些物质上的准备。由于这时还不能知道将来生的是男孩还是女孩，所以就用中间色的布和线来为未来的婴儿缝制和编织些小衣服、小袜子等等。做这些事情的同时，就会获得一种即将成为母亲的真情实感：“啊，我亲爱的孩子，你就要出世了。”从而感到对孩子的爱是那样的深沉，于是母子之间的纽带就连接得更加紧密了。

斯瑟蒂克夫人说，在怀孕期间，她相信女儿苏珊能够领会到他们夫妇俩对她深深的爱，并知道自己处在一个十分安全可靠的地方。这一切都给了苏珊向未来世界迈出第一步的勇气和力量。

可以说，对父母、对外面世界的信赖与安全感，是孩子产生生命力和创造力的源泉。

爱的期盼是最好的桥梁

爱是连接母亲与胎儿的“纽带”，母亲对胎儿的感情和期盼，通过这条无形的的“纽带”的传递。爱托马斯·巴尼所著的《胎儿在注视》这本书中记录了一个实例，反应出缺乏爱之“纽带”结果。

瑞典乌普萨拉大学一位妇产科教授，在医案报告内容如下。

一般婴儿出生后不用教就知道马上吮吸母亲的乳房，但教授诊治的一个女婴，身体十分健康，可是母亲喂她奶，她不但不去吮吸，还把脸转开，显得十分异常。很明显这不是因为身体有病，因为当给她装着冲好奶粉的奶瓶时，她马上就开始使劲地吮吸了。几天后，这个一直拒绝吃母奶的孩子，一旦被别的妇女抱在怀里时就会拼命地吮吸奶汁。

为了解释这个不可思议的现象，教授向孩子的母亲询问了许多妊娠中的事情，而母亲的回答却是既没有得过什么病，也没有碰到过任何对胎儿有影响的事件。当最后问她是否愿意怀孕时，她的回答是“当知道怀孕时，曾想过打胎，是因为丈夫非常想要孩子，所以才勉强地将她生下来”。

也就是说，这个女婴知道母亲对自己没有爱，所以出生后也拒绝与母亲建立联系。

这件事再一次告诉我们，母亲与胎儿靠爱连接在一起的“纽带”是存在的，并且十分重要。

毫无疑问，胎教的第一步是母亲必须抱有一种感情，即需要从内心深处盼望着孩子的诞生，并将这种盼望贯穿在整个怀孕期间，而这种感情的存在可以使胎教获得最佳效果。

理论与方法：情绪胎教和意念胎教

一、情绪胎教的作用

情绪胎教是指通过对准妈妈的情绪进行调节，排除一些对胎宝宝不好的负面情绪，让准妈妈忘掉烦恼和忧愁，创造和谐的氛围及详和的心境，通过准妈妈的神经递质作用，促进胎宝宝大脑的发育。

现代医学研究表明，情绪与全身各器官功能的变化直接相关。不良的情绪会扰乱神经系统，导致准妈妈内分泌紊乱，进而影响胚胎及胎宝宝的正常发育，甚至造成胎宝宝畸形。针对准妈妈的情绪是否真的会影响到胎宝宝的问题，科学家们做了一系列实验及调查。结果表明：

准妈妈孕早期如果长时间处于不良情绪中，比如紧张、恐惧等，会引发流产，特别是习惯性流产。

准妈妈如果有沮丧忧郁的情绪而不加以调整，可以观察到胎宝宝出生后对外界的刺激反应也会减少。

在妊娠7～10周之间，准妈妈若精神极度不安，胎宝宝发生唇裂或腭裂的概率就会增加。如果准妈妈紧张过度，会增加胎宝宝神经发育异常的风险，使胎宝宝在未来的成长过程中更容易出现情绪和行为方面的问题。有关专家还认为，儿童的情绪、行动和动作方面的问题与妊娠时期准妈妈是否过度焦虑有很大关系，焦虑程度越高的准妈妈所生下的孩子，日后出现情绪和行为问题的概率越高，是正常人的2～3倍。

二、情绪胎教的要点

1 调整心态

妊娠反应是孕期正常的生理反应，会给准妈妈平添许多烦恼。准妈妈在面对这些反应的时候，必须及时调整心态，否则很容易影响心情，并产生烦躁、易怒等不良情绪，情绪大幅度波动还会在一定程度上加重妊娠反应，这些不良情绪对胎宝宝的健康和先天性格的形成都有很大的影响。

2 克服忧虑

对许多准妈妈来说，忧虑是比较常见的一种心理状态，她们常常担心自己和胎宝宝的健康，也会因此而浮想联翩，特别是身患疾病的准妈妈，她们常担心胎宝宝受到自己身体或服药的影响而发育不良。其实，这种忧虑是大可不必的，准妈妈只要积极地进行产检，并听从医嘱服药，胎宝宝就能健康发育。

3 消除疑虑

有些准妈妈认为，胎教只是“隔着肚皮说话“，不会起到任何作用，因而对胎教的作用产生了怀疑心理，从而打断了胎教连续性。这种想法是错误的，不仅容易引发疑虑、烦躁、焦急等不良情绪，而且还会影响到胎宝宝。

4 分娩前避免恐惧

恐惧是临产前最容易出现的一种心态。许多人认为分娩是一道生死大关。但事实上，随着医疗技术的提高，因难产致死的概率起来越低，准妈妈完全可以相信医生，相信科学技术，即使发生了意外，也能够采取及时的医疗措施来保证母子安全。因此，不要因为分娩而过分紧张、恐惧，应以坦然、平静的心态面对分娩。

三、摆脱消极情绪

作为母亲，您必须拥有平稳、乐观、温和的心境，只有这样，才能使胎儿的身心健康发展。但是，生活的道路上并不总是充满阳光，妊娠反应的不适，对分娩的恐惧以及工作中的矛盾等等因素，常常左右着您的情绪，使您忧虑不安，甚至变得爱发脾气，易于冲动。显然，这对于胎教来说是十分不利的，怎样才能摆脱消极情绪呢？您不妨试试以下几种方法：

告诫法 在您的孕期生活中，要经常这样告诉自己不要生气，不要着急，宝宝正在看着呢。

转移法 有时，消除烦恼的最好办法就是离开那种使您不愉快的情境，可以通过一项您喜欢的活动，如听音乐、看画册、郊游等等，使您的情绪由焦虑转向欢乐。

释放法 这是相当有效的情绪调剂方法，您可通过写日记或向可靠的朋友叙说自己的处境和感情，使您的烦恼烟消云散，得到令人满意的“释放”。

社交法 闭门独居只会使您郁郁寡欢，因此，您应广交朋友，将自己置身于乐观向上的人群中，充分享受友情的欢乐，从而使您的情绪得到积极的感染，从中得到满足和快慰。

协调法 每天抽出30分钟的时间到住家附近草木茂盛的宁静小路上散散步、做做体操，心情会变得非常舒畅，尤其是美妙的鸟鸣声更能帮助您消除紧张情绪，使您深受感染而自得其乐。

美容法 您不妨经常改变一下自己的形象，如变一下发型，换一件衣服，点缀一下周围的环境等，使自己保持良好的心境。

总的说来，您首先要稳定情绪，尽量造成良好的环境。同时，您还应注意，不要过多地食用肉、鱼、巧克力、甜食等。因为，过量地食用这些食物可使您体液酸性化，血中儿茶酚胺水平增高，从而出现烦躁不安，爱发脾气，容易伤感等消极情绪。

孕期保持好心情的具体做法：

（1）胸怀宽广，乐观舒畅，多想孩子远大的前途和美好的未来，避免烦恼、惊恐和忧虑。

（2） 把生活环境布置得整洁美观，赏心悦目。还应挂几张漂亮的娃娃头像，孕妇可以天天看，想象腹中的孩子也是这样健康、美丽、可爱。多欣赏花卉盆景、美术作品和大自然美好的景色，多到野外呼吸新鲜空气。

（3）饮食起居要有规律，按时作息，行之有效地劳动和锻炼。衣着打扮、梳洗美容应考虑是否有利于胎儿和自身健康。

（4）常听优美的音乐，常读诗歌、童话和科学育儿书刊。不看恐惧、紧张、色情、斗殴的电视、电影、录像和小说。

（5）未来爸妈在情绪胎教中负有特殊的使命。准爸爸应了解怀孕会使准妈妈产生一系列生理、心理变化。应加倍爱抚、安慰、体贴妻子，做她有力的心理支柱，尽可能使妻子快乐，多做美味可口的食物。创造美好的生活环境，使生活恬静，谈吐幽默诙谐，双双憧憬美好的未来，这是准爸爸给自己孩子的第一份美好的礼物。

（6）精心打扮自己：很多准妈妈心情烦躁时，常常没有心情打扮自己。要想保持快乐的心情，准妈妈应善于从生活中发现乐趣。越是情绪低落的时候，就越用心地打扮自己，准妈妈变得漂亮精神了，心情自然也会改善。

（7）每天开心笑几次：每天开心笑几次，会使准妈妈全身肌肉放松，有益健康，还能使准妈妈变得更加开朗健谈和幽默大方。

四、母亲对胎儿的态度

1 影响胎儿身心发育

法国医学专家指出，在孕妇的心理状态中，以她们对胎儿的态度和心理压

力对胎儿生长发育影响最大。

专家通过对数千名孕妇的调研结果发现，希望分娩的孕妇，所生的孩子与不希望分娩孕妇的孩子相比，无论从心理上还是身体上，在出生时和出生后，前者都比后者健康。比如，前者发生早产和低体重儿比率高，精神行为异常者多，特别是拒绝生育的母亲，所生的孩子很多都易患消化系统疾病，或孩子大多感觉迟钝，体弱无力。

因此，专家向孕妇提出忠告，要想生个身心健康的孩子，对待胎儿的态度必须是愉快和积极的，要对腹中的胎儿充满爱。不应是拒绝和不愿意的，否则会影响胎儿的身心健康。

爱是自然界普遍存在的现象，是一种高级情感活动，也是人的本能。爱在胎教中，起着极其重要的作用，是加速开发胎儿智力的催化剂。准妈妈可以和准爸爸一起时时对胎儿表示自己的爱，胎儿在爱的环境中，才有安全感，才放心，也才开心活跃。

2 孕前做好心理准备

国内外医学专家研究显示，女性怀孕期间的心理状态与情绪变化，不仅影响自身的身体状况，而且对体内的胎儿发育以及孩子成年后的性格、心理素质发育都有直接影响。

医学专家指出，有心理准备的孕妇与没有心理准备的孕妇相比，前者的妊娠生活较后者更为愉快、顺利、平和。同时，她们的妊娠反应轻，孕期中并发症较少，胎儿健康成长在优良的环境中，分娩时也较顺利。因此，准备要孩子的夫妻，在孕前就应该从心理和精神上做好各种准备。包括从心理上接受怀孕期特殊的变化，如形体、饮食、情绪、生活习惯变化；接受小生命诞生后使夫妻生活空间和自由度比以前变小的变化；接受孩子出生后夫妻双方自觉或不自觉地将自己的情感转移的变化；接受妻子怀孕后丈夫需要比任何时候都尽更多责任的变化，如体贴、理解、照顾等。要以平和、自然的心情和愉快、积极的态度，迎接怀孕和分娩。

五、意念胎教的作用

1 对胎儿的“干预”作用

由于联想对胎儿具有一定的“干预”作用，准妈妈的联想内容十分重要，联想美好的内容就会对胎儿产生美的熏陶；内容不佳的联想，则会起到反面作用。所以在实施意念胎教时，一定要想那些最美好的事物。

早已有实例证明，由于胎儿意识的

存在，孕妇自身的言语、感情、行为以及联想内容均能影响胎儿，“干预”一直会持续到出生后，因此孕妇联想内容的优劣十分重要。

2 异常反应的作用

在日常生活中，少数孕妇由于怀孕后的身体不适而出现对胎儿怨恨的心理以及产生不好的联想感受，这时胎儿在母体内就会意识到母亲的这种不良感受，从而引起精神上的异常反应。医学专家认为，在这种情况下发育的胎儿出生后大多数会有情感障碍，出现感觉迟钝、情绪不稳、易患胃肠疾病、体质差等现象。

因此，孕妇必须在妊娠期间排除各种不良的意识和联想，尽可能多地想美好的事情，将善良、温柔的母爱充分地体现出来，从各方面通过爱的意念促进胎儿成长。

六、意念胎教实施方法

实施意念胎教，大致分两个阶段：

第一阶段：胎儿的爸妈（以准妈妈为主）处于松、静、空、自然的心境及思维状态中，集中注意力，大脑意想胎儿，好似胎儿的形象浮现在脑海里（如没有这种感觉，胎教可照样进行，只是效果要差点），通过爸妈的意识波沟通与胎儿的联系，将信息逐一的、若有若无地通过意念并可以配合语言同时传导给胎儿，逐步激发胎儿的脑细胞活力，挖掘并强化胎儿的潜意识功能，使胎儿具有接受外界信息的功能。

如果你想让胎儿知道什么是花，你可以轻轻闭上双眼，先在头脑中浮现或想一下胎儿的形象，接着在头脑中浮现或想像一种或多种花的样子，同时说：这就是花；接下来，你可以用意念并配合语言告诉胎儿，花的种类、颜色、香味等各种花的知识。

你想培养胎儿勤劳的品德，在你做家务活时，大脑时时意想小宝宝，并将自己的动作像放电影一样，时时在头脑中过一过，同时对胎儿讲，人为什么应该勤劳。逐渐地，你可以将各种期望以及科学知识有浅入深、有感性到理性灌输给胎儿。在这一阶段，每次以十分钟的时间为宜，一天一至两次。根据大人的精力情况及胎儿的反应情况，决定是否逐步延长胎教时间。

第二阶段：准妈妈偕同胎儿一起练气功。功法以内养功、益智功为主，准妈妈练气功，可以增强体质，增强意念胎教时发出的意识波。气功本身就是人类开发智力行之有效的好方法。通过练气功，可以进一步巩固和增强胎儿接受

爸妈发出指令的能力，并挖掘胎儿的内在潜力。在此阶段，要与第一阶段的方法交叉进行，对胎儿传导意念可以以理性知识为主，每次胎教时间40～60分钟，每天1～2次，直到胎儿出生为止。

七、想象胎儿的样子

意念胎教的方法很多，其中的一项就是，想象你腹中的孩子是什么样的?

当知道自己怀孕的那一刻，每个准妈妈都会不厌其烦地在心中描绘着孩子的形象：他会长的像我，还是会像老公多一些？要知道想象也是一种胎教，所以这时候的想象就不能是胡思乱想了，一定要有益于胎儿的生长发育。

1 用意念塑造理想的孩子

心中美好的愿望，能在我们的言行、举止和生命中表现出来。正因为先有了怀孕的愿望，然后才有了生命生长的实际。

从胎教的角度来看，孕妇的想象也是非同小可的，它是通过意念构成胎教的重要因素，转化渗透在胎儿的身心感受之中，影响着胎儿的成长过程。因此，你完全可以强化“我的孩子应该是这样的”愿望，盼望着他的到来，用自己的意念塑造理想中的胎儿。

2 把美好愿望具体化

意念胎教要求，从受孕开始，准妈妈就应该设计孩子的形象，把美好的愿望具体化、形象化，想象着孩子应具有什么样的面貌，什么样的性格，什么样的气质等。常常看一些你所喜欢的儿童画和照片。仔细观察你们夫妻双方，以及双方爸妈的相貌特点，取其长处进行综合，在头脑中形成一个清晰的印象，并反复进行描绘。

对于全面综合起来的具体形象，以“就是这样一个孩子”的坚定信念在心底默默地呼唤，使之与腹中的胎儿同化。久而久之，您所希望的东西潜移默化地变成了胎教，为胎儿所接受。

3 设计宝宝的形象

一般来说，孕妇可以把自己的想象通过语言、动作等方式传达给腹中的宝宝，并且要持之以恒。还可以和准爸爸一起描绘自己所希望的婴儿的模样，这样可以保持愉快的心情，影响胎儿。

孕妇还可以预先设计制作一些胎儿出生时的用品，买些玩具等。在一针一线的缝制中，培养孕妇同腹中宝宝的感情。

孕妇及准爸爸在为未来的宝宝准备日常用品的同时，精神上得以充实，时间也会过得快起来。

八、意念胎教注意事项

❶ 顺其自然

意念走神是一种常见现象，这时切忌急躁紧张，不要强迫自己集中注意力。一发觉自己走神，先对胎儿说一声，“对不起，妈妈开小差了，小宝宝不要学妈妈，要学会集中注意力”，然后，不慌不忙，有意无意地将意念收回来，这也很自然、很好。

❷ 充满爱心

爱是自然界普遍存在的现象，是一种高级情感活动，也是人的本能。练气功的人清楚，在与树木进行气体交换之前，需要先进行情感交流，这样才能采得更多的树木清鲜之气。爱在意念胎教中，起着极其重要的作用。她是加速开发胎儿智力的催化剂。时时对胎儿表示自己的爱，胎儿在爱的环境中，才有安全感，才更开心活跃。

❸ 夫妻感情和谐

健康的意识，积极的进取精神，夫妻感情交融，培养、熏陶着胎儿潜在的意识。如果胎儿的爸妈常常想一些不健康的事情（如私利、极端个人主义等），被潜在意识已经开发的胎儿不知不觉中探知、接纳，将打上不可磨灭的烙印，贻害无穷。

❹ 循序渐近

施行意念胎教必须循序渐进，由浅入深，由具体到抽象，从感性到理性。要培养胎儿集中注意力的能力、独立的个性；教导胎儿思维的方式、方法，独立处理问题的方式方法，要一遍又一遍，不厌其烦地对胎儿讲清道理，不要怕唠叨。

❺ 持之以恒

意念胎教并非易事，特别对没有练过气功的人来说，难度更大。常练气功的人，能够很快进入意念境界，并正确施行意念，发出的意识波强度大，胎教效果好。胎教中精力、体力的消耗，通过练气功很快能够得到恢复。而没有练气功的人进行意念胎教，往往感到疲劳，效果也比较慢，更需坚定信心，克服困难。

斯瑟蒂克真经：

为胎教创造良好的环境

理论与方法：

环境胎教和美学胎教

斯瑟蒂克真经：为胎教创造良好的环境

用爱装点自己的家

为了沟通母子的心灵，使母子尽情地畅游于美好的世界里，就需要一个安静和令人舒畅的环境。

斯瑟蒂克夫人和约瑟夫住在加利福尼亚州的阿纳海姆，离家五个街区（约4千米）的地方有个果树农场，居住环境十分幽静舒适。

斯瑟蒂克夫人说她们的家虽不能算最好的，但家里有约瑟夫自己垒的石头墙、培植齐整的草坪以及花了两个月时间筑成的游泳池，这一切足以能让她和腹中的胎儿能幸福地度过每一天了。

约瑟夫除了做好本职的机械工之外，还常常干一些建筑方面的副业，有时要到很晚才回家，他为太太和孩子不知花去了多少精力。因此每当斯瑟蒂克夫人看到他辛劳的样子时，就会觉得自己那点妊娠反应算不了什么，这样，斯瑟蒂克夫人说她就能很平静地度过每一天。约瑟夫先生在下班早的日子，总是为他们一家三个人将来能更舒适地生活而修理房间，收拾院子，并向正在为胎儿唱歌的斯瑟蒂克夫人招手。

为此，斯瑟蒂克夫人总觉得对丈夫约瑟夫过意不去，但约瑟夫却对她说："进行胎教必须要有一个安静舒适的环境，让你没有任何不安和担心。只要你能把满腔的爱都倾注在孩子身上，我会竭尽全力做好一切的。"

斯瑟蒂克夫妇把家中为将来孩子准备的房间收拾布置起来，以作为他们向腹中胎儿进行胎教的场所。一般孩子的房间通常从窗帘、墙壁到桌子、地板都采用鲜艳、活泼、热闹的装饰，而他们则认为，理想的孩子房

间应该是朴素和平静的浅色调，可能的话，最好是自然色，因为这样做能使人的注意力更加集中，有利于胎教的顺利进行。

他们还为了进行胎教精心准备了字母、假名和数字的“闪光卡片”，每一张都用鲜艳的色彩绘制，这是为了能聚精会神地凝视卡片上描绘的字样、图形。同时，为使这件工作更容易进行，尤其需要一个朴素、凝重的环境。

美好的情绪

为了保持良好的情绪以利于胎教，斯瑟蒂克夫人在怀孕期间常常看一些伴有优美音乐的电视片，还有那些表现美丽自然和动植物生态的节目，以及介绍世界各地优美风景的旅游纪录片。并且每天下午她都要出去散步，或在公园里骑自行车，有时为了能在风景美丽的野外呼吸新鲜空气，就和约瑟夫一起去近郊作半日游，这样无论是腹中的胎儿还是她们自己，都会感到十分愉快和充实，丝毫不感到烦闷。

外出散步进行胎教时，同样也需要一个良好的环境。有时候，从电视节目中传来的不够高雅的对话、笑语，或从收音机里传出的震耳的响声，都可能直接影响胎儿领会母亲的声音。在有汽车和摩托车的嘈杂声及人们的吵嚷声干扰的地方，也不可能进行有效的胎教……因此，要为敏感的孩子找一个安静的场所。

因此，斯瑟蒂克夫人常坐在离家不远的公园的长椅上，有时会到热闹季节已过的海滨，有时则在播放着莫扎特音乐的安静的茶室，或者选择色调和谐、环境幽雅舒适的饭店大厅，翻开画册……

为了让斯瑟蒂克夫人能保持一种平和、宁静的心境，丈夫约瑟夫付出了很大的心血和努力。

丈夫的理解与宽慰

斯瑟蒂克夫妇从不吵嘴。他们从书本中得知，夫妇不和给孩子带来的危害要比妊娠生病、抽烟、工作过于疲劳等原因带来的危害大得多。

约瑟夫先生晚上回家都很准时，从来不会让太太久等，他曾这样对别人说："比如你出门前对妻子说：'今晚6点钟回来。'于是妻子很认真地在你说好的时间前利索地把晚饭准备好，满心欢喜地等待着你回来。但是7点钟过去了，8点钟过去了，你仍然没有回来。这时候，她的心情就会变得焦躁不安，甚至会产生失望感，这将对她的精神产生相当大的伤害，即使这时候你解释是因为工作上的应酬实在走不开，但妻子在精神上受到的刺激和不安也已经不可能抹去了。如果这样的事情一再出现，那么，以往温馨的晚饭时间就会不复存在，于是夫妻间便会开始一种动辄吵架的不和谐生活，这时问题就不再是你和妻子两人之间的事了，因为这将会使腹中的胎儿也感到不安。你必须理解这一点，即使居住环境再好，饮食方面再注意，而丈夫一旦对妻子不关心、生活上不配合，所有有利的条件就会被破坏殆尽。"

尽管约瑟夫每天都工作得很累，可是他从来没有一句怨言，家中需要的而又比较重的东西都由他买回来，被子的搬上拿下，他都抢着做，晚饭后又抢着收拾东西。即使有时候斯瑟蒂克夫人因为妊娠反应而无缘无故地焦躁不安，身体不舒服，约瑟夫也总能给予极大的理解和安慰，使太太的精神不再紧张，所有这些都使斯瑟蒂克夫人的心里感到极大的满足。

理论与方法：环境胎教和美学胎教

一、环境胎教的作用

胎儿先天异常的发生，不外乎是由不良的内外环境直接或间接作用于胚胎引起的。引起先天胚胎异常的因素称之为致畸因子。这些致畸因子，可能是遗传、环境、生物、营养等诸因素互相作用的结果。要使胎儿发育良好、健康乃至出生后智力超群，就必须重视环境因素对胎儿的影响。

良好的环境，能使胎儿受到良好的感应，不良的环境，能使胎儿受到不良的感应。外界的色彩、音响和声乐，乃至无限美好的大自然的景色等，不仅使孕妇置身于舒适优美的环境中，而且，孕妇也得到了美与欢快的感受，自觉心情轻松愉快，进而影响她腹中的胎儿，真正达到“气美潜通，造化密移。”

另外，现在环境污染逐渐成为严重危害人类健康、降低人类生活质量的一个重要因素。而环境污染作为影响胎宝宝的胎外环境的一部分，对于正在母体中生长、发育的胎宝宝所造成的伤害更是难以弥补的，所以准妈妈应给予高度重视。

在受孕后的最初几周内，胎宝宝正处于器官分化阶段，是最容易受到侵害的敏感时期。此时胎宝宝发育最快，但也最脆弱。由于胎宝宝各方面均未发育成熟，且不具备抵抗外界侵害的能力，若遭受不良环境因素的刺激，则很容易出现畸形或死胎的情况。

因此，准妈妈环境胎教对胎宝宝的健康是十分重要的，特别是在孕早期，准妈妈应对自己的宝宝加倍呵护。处于安静、洁净的优质环境中，是保证胎宝宝健康发育的前提条件，也是做好环境胎教的一个重要环节。

二、环境胎教的要点

1 孕前保证精卵质量

精子质量与精子是否发育成熟、精子是否健全和精子是否具有较强的活力有关。精子是否健全与准爸爸的生活习惯以及是否受过有害物质损害等因素有关。因此，要保证精子的质量，首先应避免与有害物质接触、远离环境污染、戒除烟酒，更应及早治愈生殖器疾病。

而良好的卵子质量主要取决于卵巢和输卵管的健康情况。如果卵巢发生病变，就会妨碍卵子的发育和传输。同时，某些环境因素对卵子也会产生一定的不良影响，甚至还可能导致卵子发育异常或出现突变等。由此看来，孕前保证良好的精卵质量，也是做好环境胎教的一个重要方面。

2 远离生活污染

巨大的环境污染和生活污染，时刻威胁着人类的健康和胎宝宝的正常生长发育。生活污染包括的内容非常广泛，它不仅存在于电视、电脑、冰箱、微波炉、手机等人们常用的工具和电器中，更包括噪声污染、病菌污染等多方面因素。在妊娠期，准妈妈应远离这些生活污染。

3 创造和谐家庭氛围

在和谐的家庭氛围中，准妈妈感受到温馨，腹中的胎宝宝也能在温馨的家庭中获得身心上的良好发育。良好的家庭氛围需要夫妻双方共同维系，在互爱、互敬、互助、互谅、互勉的基础上，共同抚育宝宝。

4 优化家居环境

优美的家庭环境是保证准妈妈身心健康、促进胎宝宝健康发育的重要条件。良好的家庭环境不仅依赖于温馨、优美的家居装饰，更需要夫妻之间相互理解、相互关爱，这对准妈妈和胎宝宝的身心健康都是非常有益的。

三、良好的家居环境

一个干净整洁、安静舒适的居室还会使准妈妈从精神上感到愉快。家庭环境的布置，是准妈妈物质、精神生活统一和谐的黏合剂，不仅能对准妈妈的精神生活起到一定作用，而且也能促进胎儿的良好发育。

既然良好的环境对孕妇的情绪有着很重要的作用，那么怎样创造优美的家居环境来促进胎儿的发育呢？

1 保持室内通风

注意空气的流通，尽量少用空调，保持适当的温度和湿度。经常开窗换气，让新鲜空气不断流入，同时让室内的二氧化碳及时排出，减少空气中病原微生物的滋生。同时，还要注意保证居室的温度、湿度适宜。

如果空气过于干燥，尤其是在北方干燥的环境，可采用加湿器加湿，或是在室内放置两盆清水。

2 营造温馨卧室

卧室内的卧具摆放合适与否与准妈妈的睡眠质量有直接的关系。卧室要选择采光、通风较好的地方，床铺要放在远离窗户、相对背光的地方，因为在窗户下睡觉容易受风着凉，从窗户照进的太亮的光线也影响睡眠。

3 购买家具认环保

如果孕期要购买新家具，就尽量购买真正的木制品家具。另外也可在家具外喷一层密封胶，以防止甲醛气体的散发。

4 给屋子去蟑灭螨

蟑螂能携带的细菌病原体有40多种，螨虫的分泌物足以引起过敏性哮喘、过敏性鼻炎和过敏性皮炎等疾病，严重危害妈妈和宝宝的健康。此外，地毯是螨虫栖息的良好场所，所以一定要注意清洁地毯，或者干脆把地毯卷起来，暂不使用。

5 房子装修要谨慎

装修材料中的有害物质，如甲醛、苯、甲苯、乙苯、氨等，无法在短时间内完全散发掉，不但对母体健康有害，还会增加胎宝宝先天性畸形、白血病的发病率。所以，怀孕前后如果打算装修房子的话，一定要选择环保、无污染的装修材料。装修后至少要闲置3个月再入住。为了确保安全，在装修好后请卫生防疫部门进行甲醛检测。

6 居室的色彩

居室的色彩应该因准妈妈工作种类的不同而不同。一般来说，在纷繁复杂的环境中工作的孕妇，居室色彩应该简洁、温柔、清淡，如乳白色、淡蓝色、淡紫色、淡绿色等。因为白色给人一种清洁、朴素、纯洁的印象，其他如淡蓝色、淡青色等给人一种深远、冷清、高洁、安静的感觉。孕妇从繁乱的环境中回到宁静优美的房间，内心的烦闷便会趋于平和、安详，心情也会稳定。如果孕妇是在紧张、安静，技术要求高，神经经常保持警觉状态的环境中工作，家中不妨用粉红色、橘黄色、黄褐色布置。因为这些颜色都会给人一种健康、活泼、鲜艳、悦目的感觉。孕妇从单调的色彩环境、紧张的工作状态中回到生机盎然、轻松活泼的环境中，神经可以得到松弛，体力也可以得到恢复。

7 居室的绿化

居室还要进行绿化装饰，而且应以轻松、温柔的格调为主，无论盆花、插花装饰，均以小型为佳，不宜用大红

大紫，花香也不宜太浓。孕妇在被花朵装饰得温柔、雅致的房间里，一定有舒适轻松的感觉，这有利于消除孕妇的疲劳，增添情趣。

8 居室的饰物

在居室的墙壁上还可以悬挂一些活泼可爱的婴幼儿的画片或照片。他们可爱的形象会使孕妇产生许多美好的遐想，形成良好的心理状态。另外，悬挂一些景象壮观的油画也是有益的，它不仅能增加居室的自然色彩，而且能使人的视野开阔。试想，茂密的森林、淙淙流水、蓝天高穹、海浪、沙滩……多么令人神往。即使是紧张、劳累了一天，孕妇也可以在这优美的环境里得到很好的休养。

除此之外，还可以在居室悬挂一些隽永的书法作品，时时欣赏以陶冶性情。书法作品的内容常常是令人深思的名句，从中不仅能欣赏字体的美，更能感到有一种使人健康向上，给人以鼓舞和力量的作用在时时激励自己。

在这优美的环境里，孕妇还可以培养自己更广泛的兴趣，如可以自己种一些花草，喂养一些漂亮的小鱼等。这些都能够陶冶孕妇的情操，感受到那种旺盛的生命力是无处不在的，进而产生美好的联想。

四、安全的子宫环境

怀孕后，当你对自己的身体做任何决定时，必须要考虑宝宝的存在了。你的习惯对胎宝宝的影响程度，将远远大于对你自己的影响。你必须努力创造出一个健康的子宫环境，让孩子在里面顺利成长。

对准妈妈有好处的东西当然也可能对胎儿好，而对准妈妈有害的东西，对胎儿的伤害可能会更大。怀孕期间，胎儿通过血液，共享你的所有习惯（通过激素，胎儿甚至能共享你的情绪）。如果你可以避免使用或食用不利于身体健康的任何物质，无论是对你还是对胎儿都是最安全的。

下面的问题是你在生活中需要注意的：

1 环境污染的影响

目前最突出的问题是家装污染，而在这种污染中受害最严重的就是胎儿了。室内环境的主要污染源是甲醛、苯、氡和放射性物质。其中，甲醛来源于人造板材、胶水、墙纸等材料，是公认的潜在致癌物，它还能导致胎儿畸形，所以在准备怀孕前一定要将室内的环境污染治理干净，否则后患无穷。

另一种环境污染在城市尤为严重，

如汽车尾气、工业垃圾等等，这些污染孕妇都是要尽量避免的。

2 噪声的影响

国内外的医学科研人员在这方面做了许多研究，证明强烈的噪声对孕妇和胎儿都会产生许多不良的后果。孕妇在怀孕初期可出现恶心、呕吐等反应，甚至其他严重问题。对于噪声，准妈妈切不可听之忍之。

3 辐射的影响

X射线检查 一般来说，孕妇接受X射线过量，可引起胎儿小头畸形、新生儿生活能力低下、造血系统障碍和神经系统缺陷。在妊娠18～20天内接受X射线后，受精卵可能死亡；在妊娠20～50天接受X射线检查，可引起胎儿的中枢神经、眼睛、骨骼等严重畸形，甚至引起胚胎死亡。所以，怀孕期间尽量不要做X射线检查，尤其不要透视，因为透视比拍片的剂量要大得多。不得不做的，应该在腹部用铅围裙做防护，并且最好不超过2次。

电脑 人们发现，电脑周围会产生低频电磁场，孕早期长期使用电脑可影响胚胎发育，增加流产的危险性，至于致畸的可能性，目前无统一说法，尚需大量资料来证实。经有关专家测定，电脑背面和侧面的电磁辐射强度比正面大。另外，长时间固定姿势坐在电脑前，将会影响心血管、神经系统的功能，盆底肌和肛提肌也会因劳损而影响正常的分娩。所以，妊娠前3个月，应尽量减少长时间的电脑操作，不得不操作时应注意室内通风，适时休息或活动。

电热毯 电热毯对人体的危害来源于极低频电磁场，孕妇在妊娠前3个月如果使用电热毯的方法不正确，则发生自然流产的几率较高。正确的用法是先预热半小时，睡前应关闭电热毯开关，拔掉电源插头。

家电辐射 微波炉和电磁炉被专家认为是2种辐射量较大的家用电器。据妇产科专家的临床调查显示，排除遗传、用药不当等因素，家电辐射在很大程度上已经成为损害人体生殖系统的凶手，主要表现为导致自然流产、胎儿畸形等，甚至能够造成儿童智力低下。辐射比较大的家用小电器有吹风机、电动剃须刀等。

五、美学胎教的三个方面

我们生活的这个世界到处充满了美，美感即是对美的感受与体会。强调孕妇注重美感熏陶，这是“胎教”的重要内容。从丰富孕妇的精神生活来讲，主要说的是欣赏美、追求美，提高美学修养，获得审美享受，从而熏染腹内的胎儿。美学胎教和意念胎教一样，都是准妈妈把自身美的感受传递给胎儿，让胎儿也受到熏陶。

美所包含的内容很广，从美学胎教的角度来说，它主要包括：自然美、艺术美和准妈妈自身的形象美3大部分。

1 大自然美学胎教

大自然的美学胎教包括欣赏大自然之美和走进健康的大自然。

应该说，“欣赏大自然之美”这一方面属于美学胎教的范畴，而另一方面“走进健康的大自然”则更接近环境胎教。由于二者往往交织在一起，走进大自然必然会欣赏大自然，所以“大自然美学胎教”下一节会独立出来讲解。在这里，我们只说说欣赏大自然之美。

在我们生存的这片土地上，不管是辽阔的草原、峻峭的高山、幽静的峡谷、惊涛拍岸的江海，无不开阔着我们的胸襟，给我们带来美的享受和精神的升华。孕妇在大自然中感受到这一切，将提炼过的审美感受传递给胎儿，就使得胎儿也能间接地受到大自然的陶冶。可以推断，大自然的色彩和风貌激起的美感，会通过母体对胎儿大脑细胞和神经的发育产生或多或少的积极促进。

当然，准妈妈还要经常走进大自然。这一方面，我们将在下一节介绍。

2 艺术美学胎教

艺术美不言而喻，艺术美学胎教方法很明确，就是多接受艺术美的熏陶，多欣赏一些具有美学感召力的艺术作品，如：绘画、书法、雕塑，以及戏剧、舞蹈、影视文艺等作品，从而使准妈妈心境和情绪达到最佳状态。

审美体验等信息，通过神经系统及神经递质传递给腹中的胎儿，使其同母体一起产生“审美体验”，从而受艺术的感染和熏陶。

美妙的艺术欣赏体验，还可以给胎儿创造一个和谐的环境，使躁动不安的胎儿安静下来，使胎儿意识到世界是多么的和谐，多么的美好。

3 形象美学胎教

美容和穿衣的确是一种胎教。美丽是每一位女性所追求的，娇好的容颜、一身时尚得体的穿戴，会给女性带来更多欢乐和自信。

这种胎教方法的特殊之处是，每位准妈妈都会有自己的见解和品位。我们能说的就是，在怀孕期间，准妈妈应该比平时更加精心地打扮自己。这一方面

是自娱的一种方式，对自己容颜、服装的关心会使你忘掉妊娠中不快的反应;另一方面，化妆会使你显得气色很好，自己看了心里会舒服，别人看了会对你称赞和羡慕，你心里也会很高兴。

由此可见，美容、打扮会使你保持自信、乐观、心情舒畅，无论对自己还是对胎儿都是很有意义的。自我感觉良好的审美感受，可以使胎儿在母体内受到美的感染而获得初步的审美能力。

另外，在美与不美这个话题上，孕妇本人的气质很关键，首先孕妇要有良好的道德修养和高雅的情趣，常识广博，举止文雅，具有内在的美。其次是颜色明快、合适得体的孕妇装束，一头干净利索的头发，再加上面部恰到好处的淡妆，便显得精神焕发。化妆的时候一定要注意，不要浓妆艳抹，那样对孕妇和胎儿都是不利的。

有些孕妇为失去美妙的身材而痛苦，其实大可不必这样。怀孕几乎是每位女性都要经历的，况且大多数女性分娩后不久就会像以前一样体态轻盈、姿容美丽，而且还会增添几分女性的成熟美。

六、大自然美学胎教方法

走进大自然的怀抱，欣赏自然之美，几乎人人都有这样的经历和体验。但从胎教方法的角度，我们觉得还是有些值得说说的内容。

1 多到大自然中走走

人疲倦的时候总喜欢出门走走。人类在生存、繁衍的过程中，时时刻刻离不开大自然。大自然是广阔、神奇、美丽而温馨的。走进大自然可以说是促进胎儿智力发育的重要措施。

1.胎儿和准妈妈分享着感受

当然走进大自然，眼前的一切都是准妈妈看见的，但是腹中的胎儿却可以和准妈妈一起分享母亲的感受。在大自然中，准妈妈可以欣赏到幽静神秘的峡谷、欣赏到飞流直下的壮观瀑布、还有潺潺蜿蜒的溪流。大自然就像一首诗，看不见文字的诗，联想却很深远。

在赏心悦目的感受中，准妈妈应有意识地将这些盛景不断地在大脑中汇集、组合、联想，然后经准妈妈的情感通路，将这一信息传递给胎儿，使胎儿也受到大自然的陶冶。

2.感受清新的空气

大自然中清新的空气对于人类的健康有极大的益处，对准妈妈更是如此。在早上起床之后，到有树林或者草地的地方去做操或散步，呼吸那里的清新空气，树林多的地方以及有较大面积草坪

的地方，尘土和噪声都比较少。那些在一定的温度下工作的准妈妈，除早晨外，在工作休息时也应到树木、草坪或喷水池边走走。晚上最好能开小窗睡眠。若天太冷可关窗，但应在起床后，打开所有的窗户换空气。

为了孩子，准妈妈一定要多到大自然中去，在大自然中陶冶母子的性情。大自然是无限美好的，它不仅可以开阔视野，增长知识，陶冶情操，而且得到娱乐和休息，对于母婴的身体也大有益处，总之，只有投入到大自然中去，才能让人心情舒畅。

2 和宝宝一起日光浴

大自然慷慨地赋予人类宝贵的阳光。太阳不仅给我们带来了光和热，而且阳光中的紫外线还能使人体产生维生素D，进而促使体内的重要元素钙的正常吸收。所以，准妈妈在天气好时来个日光浴是很好的胎教和保健方法。

在沐浴阳光的同时，还可以和胎宝宝好好交流交流，比如，一边晒太阳一边和腹中的胎宝宝说话："宝宝，今天阳光真好啊，听到小鸟在唱歌了吗？"等等。

至于什么时候晒太阳，应根据季节、时间以及每个人的具体情况灵活掌握。假如是烈日炎炎的盛夏季节，就用不着专门去晒太阳，树荫里的散射阳光就足以满足准妈妈的需要了。根据我国的地理条件，一般来说，春秋季以每天9～16时，冬季以10～13时，阳光中的紫外线最为充足，准妈妈可选择在这段时间晒太阳。晒太阳的时间也不能太久，以每天1小时为宜。在这里要提醒准妈妈要注意面部的防晒，以防止黑色素的沉淀。

3 呼吸干净的空气

虽然怀孕后胎盘和肺会过滤一些物质以避免胎儿受到直接影响，但它们不是绝对的屏障。虽然准妈妈不必对所呼吸的每一口空气变得极端敏感，但小心无大错，尽量降低污染物对胎儿的影响，要注意以下几点：

（1）如果你居住在繁忙的交通要道或向空气中排放污染物的工厂附近，或者在总是充满烟雾的区域，为了腹中正在发育的胎儿，现在是考虑搬家的时候了。怀孕是改变目前生活环境使生活方式更健康的好时机。

（2）如果烟尘指数过高，请留在室内，最好将窗户关上，打开空调。

（3）在烟尘指数高的时候，不要做剧烈的运动。因为有氧运动之后呼吸量加大，这将使你吸入的污染物增多。

（4）尽可能避免开车经过拥挤的

街道，以及堵在排放高量废气的交通工具，如卡车与公共汽车之后。

（5）最好不要自己去加油。

（6）开车时紧闭车窗，尤其在交通拥挤时，关起窗户与天窗，同时打开空调。

（7）如果你有煤气或是瓦斯器具，检查一下是否有漏气的可能性。

（8）营造无烟的家居与工作环境。

七、艺术美学胎教方法

1 美术作品鉴赏

1.《日出·印象》

《日出·印象》是印象派绘画的代表作之一。《日出·印象》展出后，受到社会的公开攻击。那位以“印象”来讽刺这幅画的《喧噪》周刊的记者路易·勒鲁瓦，指责莫奈“对美与真实的否定”，可是谁知这个名称却从此彪炳画史，变成了一代画风的最具号召力的符号。

作品欣赏 《日出·印象》是莫奈描绘勒阿弗尔港口的一个多雾的早晨的景象。在晨曦的笼罩下，海水呈现出橙黄或淡紫色，天空被各种色块所渲染，水的波浪也由厚薄、长短不一的笔触组成，3只小船在色点组成的雾气中显得模糊不清，远处的工厂烟囱、大船上的吊车……一切都依稀在模糊的色点中。

胎教提点 欣赏这样一幅具象不明的画面，准妈妈需要体会的是画面中透露出的柔美和恬静，以此来渲染自己的心情，使躁动的心灵回归宁静。

2.《思想者》

罗丹说过：“真正的艺术家总是冒着危险去推倒一切既存的偏见，而表现他自己所想到的东西。”在设计《地狱之门》铜饰浮雕的总体构图时，他花了很大的心血塑造了这尊后来成为他个人艺术里程碑的雕塑作品《思想者》。为了这个形象，罗丹在很长时间里倾注着自己的思想和感情，他为它画过几百幅速写和草图，并由此引起他对多种艺术形成的探索。

时隔几年后，他才又返回到这件《思想者》上去，并决定把它复制成为大理石或青铜。

作品欣赏 《思想者》塑造了一个强壮有力的男子形象。他低头沉思，仿佛在为人类的一切烦恼冥想。这个“思想者”是以但丁的形象为蓝本的，他那深沉的目光以及拳头触及嘴唇的姿势，表现出一种极度痛苦的心情；他注视着人世间所“上演”的悲剧；他同情、怜爱人类，但又无法对那些罪犯下最后的裁判。从他身上我们可以看到“思想

者”心中那就要迸发的巨大力量。这是诗人但丁悲剧形象的化身，也是艺术家个人思想的寄托。

《思想者》作为罗丹一件伟大的艺术杰作，在以后的社会生活中一直发挥着巨大作用，尤其在20世纪初，人们把它作为一种改造世界力量的象征。

胎教提点 《思想者》无疑是一种人类精神的写照，准妈妈欣赏这部不朽之作，不仅要去感受画面的内容和主题，还要去思考人类的力量和思想。通过对这幅作品的欣赏，准妈妈可以在引发自我思考的同时也影响胎宝宝，从而促进胎宝宝的智力发展，这是一幅适合准妈妈在怀孕晚期欣赏的作品。

3.《摇篮》

《摇篮》是法国女画家摩里索（1841～1895）的一件优秀作品。摩里索是印象派女画家，她的画作多表现生活中所见的场景，她的姐姐，她的母亲和她的孩子，生活中的阳光温暖与优美的风景溶于一体，倍感亲切。

作品欣赏 《摇篮》描绘的是一位慈祥的母亲坐在摇篮旁边，一手扶着摇篮边，一手托着腮。纱帐中，宝宝在熟睡，母亲一边轻摇着摇篮，一边深情地凝视着恬静入睡的孩子，温馨的母子之情顿时从画面中弥漫开来，这种情景用任何语言都难以描绘。

胎教提点 作品外，我们仿佛能听到孩子均匀的呼吸，可见画家的功底，从母亲的守护与孩子的酣睡中，画家极具诗意地表现了温馨而博大的母爱。

2 绘画

不管准妈妈曾经是否喜欢绘画，这个时候准妈妈都可以拿起纸笔来画一画，这也是实施艺术胎教的好机会。

1.让胎宝宝受到美的熏陶

绘画也是艺术美学胎教的内容之一，具有和音乐胎教一样的效果，绘画艺术的美好意境可以使准妈妈心绪宁静，同时能把这种良好的刺激传递给胎宝宝，让他受到艺术美的熏陶。

即使准妈妈以前并不喜欢绘画，现在也会在涂涂抹抹之中自得其乐，尤其是在临摹一些儿童画时，看着自己笔下的童趣和稚拙感，你会步入一个五彩缤纷的儿童世界，与胎宝宝一起感受这种无忧无虑的快乐。

2.在绘画的过程中享受快乐

准妈妈在绘画的时候，不要在意自己是否画得好，临摹美术作品或是随心所欲地涂抹都是一种乐趣，当准妈妈全身心投入地去画时，就会沉浸在绘画的过程中，这会让准妈妈感到快乐和满足，那么每一幅画都将是你和胎宝宝心里最美最好的作品。

3.准妈妈还可以这样绘画

在绘画的时候，准妈妈可以跟胎宝宝说说你画的是什么，是怎么画的，这种互动会给带来更多的灵感。如果你想要教胎宝宝学习认字，还可以将字和拼音用彩色笔画在纸上，念给胎宝宝听，准妈妈还可以给他配上一副图来解释字的意思，如“月“，可以配上各种漂亮的月亮图片。数字、字母和水果等同样可以这样教给胎宝宝。

3 写毛笔字

一说到写毛笔字，大家往往和书法挂钩，其实练毛笔字并不是书法家的专权，每一个中国人都有必要练习毛笔字，怀孕的准妈妈练习毛笔字更是受益无穷。

1.练习毛笔字的益处

（1）练习毛笔字可以融身心于一体，提高修养，为生活增添乐趣，能使准妈妈心静如水，胸怀豁达，悠然自得。

（2）练习毛笔字不仅能使准妈妈得到美的熏陶，而且可以养成坚持不懈的精神。

（3）毛笔字是我国的一种伟大的艺术，通过练习毛笔字可以培养准妈妈的审美观，还有助于了解历史。

（4）写得一手漂亮的毛笔字，还在与朋友交往中会产生更多的快乐和价值，尤其是写下关于宝宝文字留给宝宝日后作纪念。

2.练习毛笔字的方法

（1）准备好工具，买齐毛笔、墨汁，刚开始练习用宣纸太浪费了，可以用学生用十五格纸，用废报纸也行，刚开始练习颜真卿颜体比较好。

（2）从笔划开始练习，再循序渐进，穿插带笔划的字进行练习，如“三、王”练横划，练熟后可以临摩古诗帖。

（3）毛笔字最好能天天练，两三天练一次也可以，坚持不懈地练习对身体及性格调整都会有益处，不过准妈妈不必拘泥于形式，随心所欲即可。

4 剪纸

剪纸是一门来自于生活的艺术，我们对它自然不会感到陌生，只要拿起剪刀和纸，你就会发现剪纸是充满乐趣的一件事情，而且剪纸还可以培养宝宝未来的专注力。

准妈妈就来试试剪纸吧，虽然现在还看不见胎中的宝宝，但是他可是已经长成一个可爱和小男孩或是小女孩了，那么准妈妈现在就可以动动你的巧手，为即将出生的宝宝剪几个小“玩伴”吧，剪纸——可爱的小女孩。

材料准备

剪刀、铅笔、橡皮、方形纸（准妈妈手边的彩色广告纸、废报纸、彩色硬纸都是很好的材料）。

剪纸步骤

（1）将一张方形纸对折，裁成两半，成长条形。

（2）分别将长条形纸向前、向后连续翻折，对齐，成屏风样。

（3）将折好的纸张压平，勾出女孩的轮廓，将不要的部分描黑。

（4）剪去描黑的部分，注意不要将手部剪断。展开，一群手牵手的小女孩就出现了。

5 插花

很多人未有时间必对插花发生兴趣，但在孕期，你将有时间进行尝试。

1.蔬果插花

材料准备

柿子椒一个（还可以用苹果、西红柿等），花泥一块，牙签数支，樱桃数个，满天星数枝，小雏菊数朵（也可选择时下开放的其他鲜花）。

插花步骤

（1）将柿子椒横刀切成两半，泡一小块花泥。

（2）将泡好的花泥切成略小于辣椒横切面的大小，用牙签固定在两半辣椒的中间。

（3）将修剪好的满天星转圈围插到柿子椒四周的花泥中，再将樱桃插入花泥，最后插入小雏菊，注意插花时要用花朵将花泥遮挡起来。

2.纸筒插花

材料准备

废弃纸筒一个（茶叶筒、饼干筒等均可），试管数支（可用玻璃杯代替），小菊花数枝，龟背叶两片（可用栀子花叶代替）。

插花步骤

（1）将装好水的试管放进纸筒里，装满纸筒为止。

（2）将修剪好的小菊花插入试管中，摆出自己喜欢的造型。

（3）将龟背叶插放到小菊花枝叶间，遮住纸筒口，调整到看不到试管。

八、形象美学胎教方法

1 孕期美容要点

妊娠期间，由于激素的作用，新陈代谢旺盛，皮脂分泌也多，会给皮肤带来种种恼人的麻烦。营养的平衡、足够的睡眠、身体的清洁、心情的愉悦，既是胎宝宝健康的需要，也是准妈妈美容的要点。

1.勤洗脸

妊娠期间易出汗，要按个人情况尽量勤洗脸，选择使用适合自己皮肤的、成分单纯、安全的洗面奶。使用粉底霜化妆后，要先用洁面膏擦掉，再使用洗面奶清洁。接着可涂上常用的化妆水，最后抹上乳液式面霜。

2.谨防晒

妊娠期间，皮肤比较敏感，稍不注意，脸上就会出现斑点和雀斑，直到产后都褪不去。如果外面阳光比较强，出门带上遮阳物，因为阳光直射，会增加斑点和雀斑，由于内分泌变化而产生的孕斑在产后也不易褪去。即使阴天，紫外线也很强。

因此，外出时，要擦上化妆用的粉底霜或根据季节选用防晒霜等，以保护皮肤。同时，为了预防斑点和雀斑，孕期多吃含有优质蛋白质、B族维生素和维生素C的食物。

3.常按摩

洗澡时，做一做全身按摩，既可美容，又有解除疲劳的效果。可以挑选把握方便的软毛刷按摩，感觉会很舒服。但要注意洗澡的水温不要太热。另外，平时洗脸的时候也可以用你的手指做做脸部按摩，促进血液循环，保持容光焕发。按摩结束后，需洗去按摩乳液，然后用化妆水轻拍整个面部。

4.化淡妆

化妆能使人精神焕发，眼睛明亮有神，有快活的感觉。妊娠期间，准妈妈会拥有一种特有的丰满、柔和的美感，但注意不要化浓妆。浓妆不仅妨碍皮肤的呼吸，而且会刺激因妊娠而敏感的皮肤。外出时应根据季节选用不同的粉底霜，不含香料的蜜粉，或者，也可以使用方便的、性质温和、成分单纯的干湿粉饼，薄薄铺一层便可。用点珊瑚红或粉红色的腮红会使你的气色更好、显得更年轻。

5.勤洗头

妊娠期间，头发易脏、发粘、蓬乱，于是心情也容易变得焦躁不安。为使头发舒散、清爽，要勤洗头。至少每3天洗1次头，如果因为腹部隆起不方便的话，上美容院去洗或请准爸爸代劳都是不错的选择。

2 孕期着装要点

孕期着装，可以根据自己的个人爱好，选择穿在身上能体现线条、使膨起的腹部显得不太突出的样式。服装的总体轮廓最好能呈现出上小下大的A字型。此外，服装是否容易穿脱也是重要条件，选择上下身分开的套服比较方便，短裤配上衣，披风配套装都比较好穿着。由于孕期体形限制，要以简单朴素为原则，颜色适宜以明快为主。

外衣应选择较宽大、着身不紧绷、能显得腹部不明显的。颜色和布料可以根据个人爱好决定，但以简单朴素为佳，可以给人以精神和轻松的感觉。过分艳丽、花俏的图案，会增加准妈妈的臃肿感，而竖直条纹则能使人相对苗条一些。

近年来市售孕妇装花式讲究，不妨随着孕期和季节变化，为自己选择适合自身的孕妇装。当然，如果能参考时尚杂志上式样的变化，自己动手制作，也是极有兴趣的事情。

孕妇装一般分为三种：

休闲家居孕妇装 以宽松、舒适的棉织品为主，式样稍稍活泼美观一点，但舒适性还是首要的。

职业孕妇装 质地精良、颜色不宜太深或太浅，最好选配长裤的稍稍宽松的职业装，不要选配超短裙的那一类。

孕妇礼装 质地精良，有悬垂感，式样一定要简洁优雅，色泽纯正雅致。用比较优雅的丝巾、项链、耳环等来作配饰。

斯瑟蒂克真经：

准爸爸的参与不可缺少

理论与方法：

抚触胎教和光照胎教

斯瑟蒂克真经：准爸爸的参与不可缺少

让准爸爸真正参与进来

胎教决不是准妈妈一个人完成的，准爸爸所起的作用也不可低估。当然，胎儿和准妈妈是连体的，准妈妈可以通过思维的形象化、视觉化将知识传授给胎儿。而准爸爸就不行了，除非胎儿具备某种特殊的功能，但这并不是说准爸爸就不用关心胎儿的成长。

丈夫不仅在准妈妈保持安定平和的心境方面有着重大作用，而且还可以直接参与胎教。比如斯瑟蒂克夫人说她想让胎儿了解自己生疏或不擅长的领域的知识，就只有让丈夫来完成了。

那么，准爸爸究竟怎样才能参与到胎教中去呢？

首先是要养成对胎儿讲话的习惯。胎儿对经常听到的声音有着特别敏感的反应，如果经常对他讲话，那么，他就会通过对你声音的感受，使记忆力的发育超出人们的想象。

约瑟夫先生在早晨起床后会对斯瑟蒂克夫人和胎儿说“早上好”，出门时说“我走了”，回家时说“我回来了”，睡觉前说“晚安，祝你做个好梦”等，一天至少四次向胎儿打招呼。

出生不久的婴儿常常会有这样的情况，即使不认识的女性逗他，他也会笑；而准爸爸逗他，他就会哭。这正是因为从其胎儿时代到出生后的一段时间里不熟悉男性声音造成的。为了消除孩子对男性，包括对准爸爸所持有的不信任感，妊娠前期的父子对话是至关重要的。

合适的时间与方式

作为前期课程，准爸爸与胎儿对话的关键不是传递知识，而是让胎儿熟悉准爸爸的声音，从而产生一种安全感，这是因为，胎儿一天24小时接触的都是母亲的声音，对低沉的男性声音是很不熟悉的。

与胎儿对话时，不能一下子发出很大的声音，这样会使胎儿受到惊吓，所以应以平静的、亲切的、柔和的语调开始，随着对话内容的展开再逐渐提高，尽量使胎儿对这种声音产生安全和信赖感。

晚饭后的1小时至1个半小时，是约瑟夫先生正式进行胎教的时间。这时，斯瑟蒂克夫人就坐在宽大舒适的椅子上，心情舒畅愉快地缝制衣服、打毛线或闭目静听，但绝不会心不在焉。她会全神贯注地倾听丈夫的讲话，有问题当场询问，努力去弄懂丈夫讲话的内容，她认为这是决定准爸爸参与胎教有效程度的关键。约瑟夫先生则盘腿坐在斯瑟蒂克夫人面前的地毯上，由于讲话的对象是两个人，所以不能离得太远，但如果离腹部太近，斯瑟蒂克夫人就看不到他的脸了，所以这时约瑟夫一般要距离太太50公分左右。

而在胎儿5个月以后，准爸爸就必须时刻意识到胎儿在倾听他的声音，并且在通过母亲的腹壁确认他的身影。

适合准爸爸进行对话胎教的内容，首先是关于科学、机械等方面的知识，这并不是说准妈妈在这些方面不行，而是说，通常准爸爸比准妈妈接触此类事物更多一些。如果准妈妈比准爸爸在这方面更精通的话，那么，由准妈妈来教也是完全可以的。

另外，有关政治、历史等话题，也适合由准爸爸来教。准爸爸的话题越是能唤起准妈妈的好奇心，胎教的效果就会越大。

当然，准爸爸进行胎教的这段时间，主题不需要特别规定，既可以讲当天的工作，也可以根据准爸爸的爱好、兴趣或知识范围随意制定每天的

胎教课程。

例如，去什么地方，遇见什么人，说了些什么话；午休时一边吃着盒饭，一边和同事谈了些什么话题；回家的路上看到的夕阳又红又大，并且还看到两台搬家用的拖带式宿舍车在公路上奔驰等等。约瑟夫先生总是用亲切响亮的男低音叙述着，而斯瑟蒂克夫人也不时地表示着自己的同感。

带动胎儿的求知欲

准爸爸要以准妈妈接触少的事物，或是对准妈妈来说陌生的新知识为内容来进行对话，这样，可以通过引发准妈妈的兴趣来唤起胎儿对知识的好奇心。斯瑟蒂克夫人对丈夫所讲的事情通常很感兴趣，因为她能从约瑟夫讲的事情中了解他的工作情况，约瑟夫也会讲一些太太以前从来没有注意到的事情，因此斯瑟蒂克夫人常会有一种新鲜感。

约瑟夫先生也会任意选择一个题目，并选一本与其有关的画册或书来讲。题目可以是冰箱、炉子、洗衣机、洗碗机等一类日常家庭使用的器具，或是天然气、电、石油等能源；有时还讲太阳系的构成、航天飞机在开发宇宙方面起了多大的作用等等。斯瑟蒂克夫人说约瑟夫所讲的这类知识及其爱好的事物，对她来说也是刺激求知欲的好材料。

约瑟夫的兴趣有时会转向爱斯基摩人的生活状态，比如爱斯基摩人怎样捕获海豚、海狗，怎样在用冰雪块砌成的雪屋里取暖，他们穿什么衣服等等。对于这些，斯瑟蒂克夫人表现了极大的兴趣，她说约瑟夫就好像是看着图画给她们描绘的一样。有时，约瑟夫会交替着学狗、猫、牛、羊及其他各种动物的叫声，他模仿的各种声音和表情常常会逗得斯瑟蒂克夫人和他自己一阵欢笑。

用正确的语言进行胎教

胎教时，凡是准爸爸能用自己的语言说明其形状、性质的事物都可以作为题材，反过来也可以说，胎教的事物和内容只有准爸爸自己首先掌握了以后，然后再用简单的语言传授给胎儿才能够奏效。不要用书本上那种机械式的语言对胎儿讲话，要抓住本质，用通俗易懂的话对胎儿讲。

但这绝不是要让成人使用“孩子语言”，成人标准的发音，正确的遣词用句，对胎儿的情绪发育，以及正确的语言感觉、发音都是至关重要的。绝不能看不起胎儿，成人要推敲自己的语言，要像对待一个现实中的人那样对胎儿讲话。

在“学习”开始和结束时，约瑟夫先生总是用抚慰的语言和促使胎儿形成自我意识的语言对胎儿讲话。例如“在妈妈肚子里舒服吗？你没有朋友，一定会寂寞吧？从今以后，我就是你说话的伙伴，我会告诉你外界一切美好的事物”，“你说得很好，你是一个很聪明的孩子，但愿我对你讲的一切都能对你将来的人生有用”等等。

理论与方法：抚触胎教和光照胎教

一、抚触胎教的作用

抚触胎教是指，父母用手轻轻抚触胎儿或轻轻拍打胎儿，通过孕妇腹壁传达给胎儿，形成触觉上的刺激，促进胎儿感觉神经和大脑的发育。

轻柔的抚触，是父母与胎儿最早的触觉交流。他们可以通过手感受胎儿的胎动，宝宝也可以通过温柔的爱抚感受爸妈的爱。胎教就是从爸妈的抚摸开始的。抚触胎教的作用主要有以下几点。

1 促进胎儿的智力发育

抚触的过程中可以锻炼胎儿皮肤的触觉，并通过触觉神经感受体外的刺激，从而促进了胎宝宝大脑细胞的发育，加快胎儿智力的发育。

2 激发胎儿的运动能力

抚触还能激发胎宝宝活动的积极性，促进运动神经的发育。经常受到抚触的胎儿，对外界环境的反应也比较机敏，出生后翻身、抓握、爬行、坐立、行走等大运动发育都能明显提前。

3 增进亲子关系

抚触胎教的过程中，不仅让胎儿感受到爸妈的关爱，还能使准妈妈身心放松、精神愉快。通过对胎儿的抚触，母子之间沟通了信息，交流了感情，从而激发了胎儿的运动积极性，可以促进出生后动作的发展。在动作发育的同时，也促进了大脑的发育，会使孩子更聪明。

二、抚触胎教的方法

正常情况下，怀孕2个月开始，胎宝宝就可以在母体内活动了，这时的活动幅度很小。随着妊娠月份的增加，活动幅度会越来越大，从吞吐羊水、眯眼、咂手指、握拳，直到伸展四肢、转身、翻筋斗等。一般过了孕早期，抚触胎教就可以开始实施，下面介绍几种抚触胎教的方法。

1 来回抚触法

实施月份 怀孕3个月以后。

具体做法 准妈妈在腹部完全松弛

的情况下，用手从上至下、从左至右，来回抚触。

实施要领 抚触时动作宜轻，时间不宜过长。

2 触压拍打法

实施月份 怀孕4个月以后。

具体做法 准妈妈平卧，放松腹部，先用手在腹部从上至下、从左至右来回抚触，并用手指轻轻按下再抬起，然后轻轻地做一些按压和拍打的动作，给胎宝宝以触觉的刺激。刚开始时，胎宝宝不会做出反应，准妈妈不要灰心，一定要坚持长久地有规律地去做。一般需要几个星期的时间，胎宝宝会有所反应，如身体轻轻蠕动、手脚转动等。

实施要领 开始时每次5分钟，等胎宝宝做出反应后，每次5～10分钟。在按压拍打胎宝宝时，动作一定要轻柔，准妈妈还应随时注意胎宝宝的反应，如果感觉到胎宝宝用力挣扎或蹬腿，表明他不喜欢，应立即停止。

3 推动散步法

实施月份 怀孕6、7个月以后，当准妈妈可以在腹部明显地触摸到胎宝宝的头、背和肢体时，就可以增加推动散步的练习。

具体做法 准妈妈平躺在床上，全身放松，轻轻地来回抚触、按压、拍打腹部，同时也可用手轻轻地推动胎宝宝，让胎宝宝在宫内“散散步、做做操”。

实施要领 此种练习应在医生的指导下进行，以避免因用力不当或过度而造成腹部疼痛、子宫收缩，甚至引发早产。每次5～10分钟，动作要轻柔自然，用力均匀适当，切忌粗暴。如果胎宝宝用力来回扭动身体，准妈妈应立即停止推动，可用手轻轻抚触腹部，胎宝宝就会慢慢地平静下来。

4 亲子游戏法

实施月份 怀孕5个月以后，有胎动了，就可以进行亲子游戏。

具体做法 每次游戏时，准妈妈先用手在腹部从上至下、从左至右轻轻地有节奏地抚触和拍打，当胎宝宝用小手或小脚给予还击时，准妈妈可在被踢或被推的部位轻轻地拍两下，一会儿胎宝宝就会在里面再次还击，这时准妈妈应改变一下拍的位置，改拍的位置距离原拍打的位置不要太远，胎宝宝会很快向改变的位置再作还击。这样反复几次，别有一番情趣在其中。

实施要领 这种亲子游戏最好在每晚临睡前进行，此时胎宝宝的活动最多，时间不宜过长，一般每次10分钟即可，以免引起胎宝宝过于兴奋，导致准妈妈久久都不能安然入睡。

三、抚触胎教的注意事项

毕竟腹内的宝宝过于娇嫩，在进行抚触胎教的时候，还是有些事情需要特别的注意。

（1）抚触及按压时动作要轻柔，以免用力过度引起意外。

（2）有的准妈妈在孕中期、孕晚期经常会有一阵阵的腹壁变硬，可能是不规则的子宫收缩，此时千万不可进行抚触胎教，以免引起早产。

（3）如果准妈妈有不良产史，如流产、早产、产前出血等，则不宜使用抚触胎教，可用其他胎教方法替代。

（4）抚触胎宝宝之前，准妈妈应排空小便，以保证足够的抚摸时间。

（5）进行抚触胎教时，室内环境要舒适，空气要新鲜，温度要适宜。

（6）进行抚触胎教时，如能配合对话胎教等方法，效果会更佳。

（7）抚触胎宝宝时，准妈妈应避免情绪不佳，保持稳定、轻松、愉快的心情和平和的心态。

（8）抚触胎教应有规律性，坚持在固定的时间进行，这样胎宝宝才能心领神会地在这段时间里做出反应。

四、光照胎教的方法

胎儿的视觉较其他感觉功能发育缓慢。孕27周以后胎儿的大脑才能感知外界的视觉刺激；孕30周以前，胎儿还不能凝视光源，直到孕36周，胎儿对光照刺激才能产生应答反应。

有人做过试验，用B超检查仪观察胎儿对光照的反应。试验中可以观察到，用手电筒的微光作为光源，一闪一灭地照射孕妇的腹部，胎儿的心率就会出现变化。

光照胎教，一般从孕24周开始。有些胎教研究人员建议选择冷光源。最方便的光源是手电筒。每天可以在固定的某一时段里，在胎儿有胎动即觉醒时，准妈妈或准爸爸用手电筒作为光源，照射准妈妈腹壁胎头方位。每次照射时间5分钟以内，结束前可以连续关闭、开启手电筒数次，以利于胎儿的视觉健康发育。

光照时可以配合对话，综合的良性刺激可能对胎儿更有益。一般来讲，每次对准妈妈腹部照射3次，照射的同时，准妈妈和准爸爸可以和宝宝进行对话，告诉宝宝现在是什么时间等等。这样，可促进胎儿视觉功能发育，对日后视觉敏锐、专注和阅读都会产生良好的影响。

五、光照胎教的注意事项

（1）进行光照胎教时，准妈妈应注意把自身的感受详细地记录下来，如胎动的变化是增加还是减少，是大动还是小动，是肢体动还是躯体动。通过一段时间的训练和记录，可以总结一下胎宝宝对刺激是否建立起特定的反应或规律。

（2）光的强度要适合，开始时宜采用弱光，切忌强光照射，同时照射时间也不能过长。

（3）应在有胎动的时候进行光照胎教，而不要在胎宝宝睡眠时进行光照胎教，以免打乱胎宝宝的生物钟。

（4）和其他胎教一样，光照胎教要取得预期的效果，就必须持之以恒、有规律地去做，这样才能使胎宝宝领会其中的含义，并积极地作出回应。

（5）胎儿的感觉功能中视觉的发育较晚，一般七个月的胎儿视网膜才具有感光功能。只要是不太刺激的光线，都可给予胎儿脑部适度的明暗周期，刺激脑部发达。在晴朗天气外出散步，同样能让胎宝宝感受到光线强弱的对比。

六、准爸爸配合做胎教

胎教，虽然主要是由准妈妈来进行，但准爸爸也要积极参与，主动配合，才能做好胎教。那么，准爸爸应该如何配合准妈妈做好胎教呢？除了从心理上体贴、精神上抚慰、生活上呵护、工作上支持和学习上帮助外，还应该做好以下配合工作：

1 确立“双爱”

明确地树立爱准妈妈、爱胎儿的观念。为人之夫、为人之父要做到全心全意，不辞辛苦，任劳任怨，全力保护，努力为准妈妈和胎儿服务。

2 提供营养的食物

应该经常主动地为准妈妈提供富有营养并适合准妈妈口味的食物，如鲜鱼、鲜蛋、鲜牛奶、新鲜蔬菜和水果、猪肝、瘦肉、五谷杂粮、胡桃仁、芝麻、黄花菜、南瓜子等。以保证准妈妈摄入足量的蛋白质、碳水化合物、维生素，适量的不饱和脂肪酸、碘和锌等。

3 搞好家庭清洁卫生

怀孕期间，准爸爸应戒烟忌酒，防止烟酒的气味对胎儿产生影响。否则，会导致胎儿缺氧和中毒，甚至会促使胎儿畸形。同时搞好家庭清洁卫生，消除家里的一切污染，保持室内空气清新，防止准妈妈感染疾病，避免乱服药。

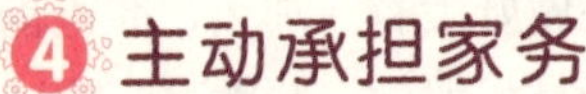

4 主动承担家务

准妈妈怀孕期间，准爸爸应多承担一些家务劳动，以减少准妈妈对日常家务琐事的操劳，使她在体力上和精神上减少消耗，能够集中精力做好胎教。

5 少让准妈妈受刺激

准爸爸要时刻注意控制自己的情绪，并保持情绪稳定，即使遇到任何不愉快的事情，都不要发脾气，避免准妈妈受到不良的精神刺激。

准妈妈心情不好时，应给予耐心的解释、安慰。经常陪她到户外散散步，观花赏景，听听音乐，以保持体内体外环境平衡，使准妈妈始终处于轻松愉悦的气氛之中，经常保持愉快而稳定的情绪。

不要讲恐怖故事，不看恐怖、惊险的影视剧和悲哀的戏剧，不做准妈妈看不惯的事，不说准妈妈不愿听的话。确实做到“互尊互爱，愉悦相处，胎教第一，风雨同舟，福禄与共”。

6 严格节制性生活

在孕早期和孕后期最好禁止性生活，即使在孕中期的几个月中，也应减少性交次数，更应注意性交前后的生殖器官的清洁卫生。由于在怀孕期间性交很容易造成血液感染、胎儿脑缺氧、影响大脑发育和智能，以及引起流产等，因此在孕期，准爸爸要控制自己的性欲，尽可能只做非性交的两性交流，如抚摸、亲昵、接吻等。

7 激发准妈妈爱子之情

准爸爸除了让准妈妈多看一些能激发母子情感的书刊或影视片外，还要多与准妈妈谈谈胎儿的情况。如：询问胎儿的情况，提醒准妈妈注意胎儿的各种反应，与准妈妈一起描绘胎儿在“宫庭”中安详、活泼、自由自在的形象，一起猜想孩子的小脸蛋是那么漂亮逗人，体格是那么健壮。

8 丰富准妈妈业余生活

除了听音乐外，准妈妈还可作画，观看艺术表演，以提高艺术修养，同时，准爸爸要鼓励准妈妈加强“专业”学习，特别是妊娠后期准妈妈还可与胎儿一起学习，如看儿童读物，读外语等。

孩子是夫妻爱情的结晶，因此，胎教需要夫妻双方共同努力承担。当你因即将做爸爸而欣喜的时候，切莫忘了胎教的责任。在整个胎教过程中，“夫妻同唱一台戏”，准爸爸在胎教中的地位确实举足轻重。

七、准爸爸做语言胎教

胎儿在子宫内最适宜听中、低频调的声音。而男性声音正是以中、低频调为主。如果准爸爸坚持每天和胎儿说话，让胎儿熟悉你的声音，就能够唤起胎儿最积极的反应，有益于胎儿出生后的智力发展及情绪稳定。

1 给胎儿起个乳名

给胎儿起了小名后，可随时呼唤胎儿。经过一段时间，只要准爸爸和准妈妈一呼唤，胎儿就会惬意地动起来。

2 每天和胎儿聊天

胎儿很喜欢准爸爸低沉、温柔的声音，所以准爸爸有空要多和胎儿聊天，特别是在准妈妈不舒服时，胎儿也会不舒服。

与胎儿说话时，准爸爸不要离准妈妈太远，但也不能紧贴腹部，这样会妨碍准爸爸把感情、眼神通过准妈妈的视觉传递给胎儿。对话时，不能一下子发出很大的声音，这样会惊吓到胎儿，应当以平静的、亲切的、柔和的语调开始，随着对话内容的展开再逐渐提高，尽量使胎儿对这种声音产生安全和信赖感。

3 选择合适的胎教内容

准爸爸进行胎教时，主题不需要特别规定，既可以聊一聊当天的工作，也可以根据准爸爸的爱好、兴趣或知识范围，随意制订每天的课程。准爸爸可以将每天的话题构思好，在当天的“胎教日记”中拟定一篇小小的讲话稿。稿子的内容可以是一首纯真的儿歌、一首内容浅显的古诗、一段优美动人的小故事，也可以谈自己的工作及对周围事物的认识，以刻画人间的真、善、美。

八、准爸爸做情绪胎教

情绪胎教体现了父母之爱，情绪胎教也即为爱的胎教。要做好情绪胎教，最重要的就是要让准妈妈保持美好的心境和愉快的心情。

1 尽量多关怀妻子

怀孕后体内性激素的改变，使妻子的心理产生变化，经常容易产生委屈等不快情绪，或爱流眼泪。因此，你要注意控制自己的情绪，切忌让妻子激动，尤其是对某些事意见不一致时。多理解、体贴、包容妻子，随时递上几句贴心话，如“你辛苦了，亲爱的”，让自己成为消除妻子不良情绪的一剂良方。

❷ 妻子不开心时多加开导

你的开导可使妻子的不良情绪得到宣泄，还可通过听音乐、欣赏画册，去林荫道、田野散步等，分散妻子的注意力。也可用幽默语言调节妻子的消极情绪，如“你总是愁眉苦脸、闷闷不乐，小宝贝会不愿意早点来见你”；当妻子因假宫缩而腹痛，可调侃地说“这是小宝贝着急见我们呢”。

❸ 帮助妻子减轻恐惧

很多准妈妈对分娩感到紧张，缓解的最好办法是你与妻子一起去医院或准妈妈班，了解一下分娩过程及可能出现的情况，分娩时怎样配合，在家里怎样进行有关训练等。这对减轻妻子的心理压力大有帮助。另外，积极陪同妻子去做孕晚期检查，特别是临近预产期时你最好多待在家中，使妻子的心中有所依托。

PART 10

斯瑟蒂克真经：

给胎儿以音乐的熏陶

理论与方法：

音乐胎教

斯瑟蒂克真经：给胎儿以音乐的熏陶

音乐无处不在

众所周知，音乐能影响人的情绪，培养人丰富的感受性，为此，斯瑟蒂克夫人录制了几首能使人心情平静、柔和、优美的曲子，以此作为调节气氛，或是进入学习状态的精神安定剂。她认为反复听这些音乐，不仅能对胎儿进行情操方面的教育，还能提高学习的效率。

当斯瑟蒂克夫人在厨房做事，或是打扫房间，或是晒衣服，或是做手工活的时候，总之，只要一有时间，她就会抓住时机，哼唱一些歌曲，让胎儿不断地听到那和着旋律的动人歌声，向他传递“爱的信息”。有时她会和胎儿一起听音乐，培养胎儿的感受性。准妈妈哼唱的歌曲以及生活中处处皆有的音乐都能陶冶性情，对胎儿来说都是不可缺少的精神食粮。

斯瑟蒂克夫人在唱歌和听音乐时，时刻都会意识到胎儿在她腹中正用心地倾听，这一点非常重要。刚开始要做到这一点并不那么容易，因为在工作和缝衣服的时候，一边想着胎儿一边唱歌，很难同时做好，为此，斯瑟蒂克夫人只记住了几首经常哼唱的歌曲，并养成唱歌的习惯。后来用了不到一个月的时间，就能做到得心应手了。

正确的音乐使胎教甜蜜而幸福

有些曲子也许会很合自己的情趣，但若是激烈的摇滚舞曲、爵士舞曲、安魂曲的话，就不适合用于胎教了。这类曲子不仅不会给胎儿带来好的影响，而且还会让准妈妈激动或者伤感，从而给胎儿那如同白纸一般的

大脑留下深深的痕迹。

斯瑟蒂克夫人的一个熟人曾在妊娠期间去参加一个摇滚音乐会，就因胎儿猛烈地踢踹母亲的腹部而不得不中途退场。在选择歌曲、乐曲时，斯瑟蒂克夫人首先考虑的是它会对腹中的胎儿产生什么样的影响，因此选择时极为慎重。所以斯瑟蒂克夫人认为不应只给孩子听准妈妈自己喜欢的歌曲、乐曲，而要为胎儿选择感觉明快、曲调平稳、柔和的歌曲和乐曲。

当然，除此之外，只要是能使你心里充满幸福和甜蜜的歌曲或乐曲，都可以成为音乐胎教的内容。

斯瑟蒂克胎教曲目

根据上面斯瑟蒂克夫妇的标准，选择了一些音乐曲目作为他们的胎教音乐。斯瑟蒂克夫妇选择的适合胎教的古典音乐曲目见表6。

表6　适合胎教的古典音乐曲目表

J.S.巴赫	小提琴与双簧管的协奏曲第二乐章、柔板管弦组曲第三号第二曲咏叹调、拔弦古钢琴协奏曲第五号第二乐章慢板
威尔第	小提琴协奏曲《恋人》第一乐章，《四季》第四乐章
泰勒曼	箫笛、长笛协奏曲第一乐章、第三乐章
莫扎特	《小夜曲》
亨德尔	《王宫烟火音乐》——协奏曲一号长调、协奏曲三号长调
马尔切诺	双簧管协奏曲第二乐章

理论与方法：音乐胎教

一、音乐胎教的意义

音乐对人们的思想、情绪、文化生活产生着巨大的影响，可以说音乐无处不在。健康的音乐，对于陶冶情操和性格，和谐精神生活，加强个人修养，增进身心健康，以及激发想像力等方面都具有良好的作用，甚至可以说，没有音乐的世界是苍白无味的。同样，女性怀孕期间如能选择好胎教音乐，对孕妇和胎儿都有重要的意义。

在生活中，人们常常把那些适合于准妈妈和胎儿听的音乐称为胎教音乐。毫无疑问，胎教音乐对于促进准妈妈和胎儿的身心健康具有不可低估的作用。

1 能使母子保持良好的心境

音乐胎教，是通过对胎儿不断地施以适当的音乐刺激，为优化后天的智力及发展音乐天赋奠定基础。在心理方面，胎教音乐能使准妈妈心旷神怡、浮想联翩、宁静轻松，从而改善不良情绪，保持良好的心境，并通过种种途径将准妈妈的感觉信息传递给孩子，使宝宝的心理变化与准妈妈同步。

2 与母子的生理节奏产生共鸣

在生理方面，胎教音乐使准妈妈的心率平稳，呼吸顺畅。这样，胸腹之间横膈膜的运动也相应地平稳，流过大动脉的血流速度不急不缓，这些运动和声响传入胎儿的耳中，使他感到自己的生存环境是平和安逸、和谐而美好的。同时，胎教音乐那悦耳动听的音响，不断传入准妈妈和胎儿的听觉器官，通过听觉器官的传导，对大脑皮层产生良性刺激，从而调节和改善大脑皮层的紧张度，促使体内一些激素的正常分泌，进而调节全身的健康状况，使准妈妈和胎儿的身心都保持一种最佳状态。研究表明，胎教音乐中的节奏还能与母体和胎体的生理节奏产生共鸣，进而促进胎儿全身各器官的活动。

许多医生都做过类似的试验：对胎儿定时播放柔美抒情的胎教音乐，每当准妈妈沉浸在胎教音乐的氛围里，胎儿的心率便趋于稳定，胎动也平缓有规律。待婴儿出生后再播放相同的胎教音乐时，婴儿就会循声张望，表现出极大的兴趣，并且神情愉快，反应敏捷，特别是对爸妈的呼喊，能很快地辨别和寻找出来，从而使婴儿性格和动作发育明显早于同龄婴儿。

优美的音乐旋律在大脑皮层留下的印记是深刻而久远的，对人从心理到生理的影响，也是深远而不易被其他方式替代的。

二、音乐胎教的方法

实施音乐胎教是很重要的，只是有的准妈妈不知道如何实施音乐胎教，下面就给你介绍几种简便有效的方法。

1 母唱胎听法

准妈妈每天可以低声哼唱自己所喜爱的、有益于自己及胎儿身心健康的歌曲或戏剧以感染胎儿。哼唱儿歌也是完全可以的。唱时心情舒畅，富于感情，如同面对亲爱的宝宝，倾诉一腔柔爱，准妈妈在哼唱时要凝思于腹内的胎儿，其目的是唱给胎儿听，使自己在抒发情感与内心寄托的同时，让胎儿得到美乐的享受。这是最简便易行的音乐胎教方式，适于每一个准妈妈采用。

2 母教胎唱法

胎儿虽具有听力，但毕竟只能听不能唱。准妈妈要充分发挥自己的想象，让腹中的宝宝神奇地张开蓓蕾般的小嘴，跟着你的音乐和谐地“唱”起来，当准妈妈选好了一支曲子后，自己唱一句，随即凝思胎儿在自己的腹内学唱。可先将音乐的发音或简单的乐谱反复轻唱几次，如多、来、咪、发、索、拉、西，每唱一个音符后等几秒钟，让胎儿跟着“学唱”，然后再依次进行。本方法由于更加充分利用了母胎之间的“感通”途径，其教育效果是比较好的。

教胎儿唱音符的具体方法如下：

（1）准妈妈或准爸爸先熟悉音符的发音，“1、2、3、4、5、6、7、i”——“i、7、6、5、4、3、2、1”。

（2）反复轻声教唱若干遍，每唱完一个音符停顿几秒钟，给胎宝宝学习和复唱的时间。

（3）在教唱时，准妈妈可以想象子宫中的胎宝宝跟随学唱的样子。

（4）在教胎宝宝唱音符时，室内应保持安静，尽量避免噪音干扰。

（5）每天教唱1～2次，每次3～5分钟。

③ 音乐熏陶法

有音乐修养的人，一听到音乐就进入了音乐的世界。情绪和情感都变得愉快、宁静和轻松。准妈妈每天定时欣赏一些名曲和轻音乐，如《春江花月夜》、《江南好》等传统乐曲施特劳斯的《春之声》圆舞曲等等。

准妈妈在欣赏音乐时，要沉浸到乐曲的意境中去，如痴如醉，旁若无人，如同进入美妙无比的仙境，遐思悠悠，以获得心理上、精神上的最大享受和满足，当然就可以收到很好的胎教效果。

④ 音乐灌输法

这种方法是英国心理学家奥尔基发明的。可将耳机或微型录音机的扬声器置于准妈妈腹部，并且不断地移动，将优美动听的乐曲源源不断地灌输给母腹中的胎儿。每天重复2～3次，每次20分钟左右，一次播放2～3首乐曲。

注意音量不宜过大，时间不宜过长，以免胎儿听得过分疲劳。

⑤ 朗诵抒情法

在音乐伴奏与歌曲伴唱的同时，朗读诗或词以抒发感情，也是一种很好的音乐胎教形式。科学胎教主张，在音乐胎教当中，器乐、歌曲与朗读三者前后呼应，优美流畅，娓娓动听，达到有条不紊的和谐统一，具有很好的抒发感情作用，能给母子带来美的享受。

适宜准妈妈采用的音乐胎教方法还有许多，每一位准妈妈可以根据自己的具体情况而采取相应的音乐胎教方法。

三、音乐胎教小道具

实施音乐胎教总的来说有两种形式，一种是准妈妈听音乐，胎宝宝感受；另一种是胎宝宝自己听。第一种方式不用特别准备，如果是让胎宝宝自己听音乐的话，准妈妈就需要准备一些可能需要的小道具。

① 可能需要的道具

可以准备一个胎教传声器来辅助，可以令胎宝宝听得更清楚，胎教效果更好。

此外，还可以准备一些刻录的CD。将想要的音乐刻在上面，以备需要，如果可以的话最好能备一个CD机，这样可以最大限度地降低磁场对胎宝宝的影响。

② 选择无磁胎教传声器

市面上关于音乐胎教的产品很多，在购买时不可随意， 应选择那些经过卫

生部鉴定、能保护胎宝宝耳膜的产品。购买胎教传声器时，一定要注意选择，最好是无磁胎教传声器，音乐频率范围在500～1500赫兹之间，以免伤害胎宝宝的听力。

3 胎教传声器使用方法

（1）将胎教传声器外接在CD机上。

（2）然后调节音量，方法是：将一只手的手心紧贴住耳朵，然后将胎教传声器的胎儿端扣在手背上，调整音量到和电话音量差不多，大约为50分贝。

（3）把传声器的胎儿端扣宫底下2～3横指处（胎宝宝头部附近），戴上传声器的耳麦就可以和宝宝一起听音乐了。

四、准妈妈音乐与胎儿音乐

胎教音乐分为准妈妈音乐和胎儿音乐两类。

准妈妈音乐以宁静为原则。准妈妈通过欣赏音乐，可调节情绪，产生宁静、舒适的感觉，使胎儿也很快安静下来。同时，声波还可直接通过准妈妈腹壁传导给胎儿的听觉系统，促进胎儿的智力发育。适合准妈妈听的音乐应选择那些委婉柔美、轻松活泼、充满诗情话意的乐曲。如中国古典乐曲《梅花三弄》，二胡曲《二泉映月》，筝曲《渔舟唱晚》；西方古典乐曲《A大调抒情小乐曲》，德国浪漫派作曲家门德松的《仲夏夜之梦》；现代音乐，如《让世界充满爱》，《啊！莫愁、莫愁》，《好一朵茉莉花》等。

胎儿音乐轻松活泼，可以激发胎儿对声波的良好反应。将耳机放在孕妇腹部，通过腹壁直接传导给宫内胎儿的听觉器官，刺激脑组织，促进胎儿脑功能的发育。适合于胎儿听的胎教音乐主要有《我将来到人间》，著名作曲家王酩创作、中华医学音像出版社录制的《秋夜》，其他还有胎教音乐《小神童》等。

胎教音乐最好每天播放1～2次，每次20～30分钟，音量不宜太大，应控制在45～55分贝之间。

五、胎教乐曲的效果

音乐的门类极多，并不是所有的音乐都能给胎儿身心健康带来裨益，不同类型的音乐能对人的心理行为产生不同的影响。

胎儿和成人一样，也有自己独特的性格和气质，有的好动，有的好静，对这些不同性格的胎儿还应本着因材施教的原则，区别对待。目前市面上也有大量编辑成套的胎教音乐磁带出售，爸妈可根据个人的喜好从中选择。下面介绍部分乐曲的大概分组及其所产生的作用，供大家参考。

1 欢快明朗音乐

如《江南好》、《春风得意》、《月亮代表我的心》等，听着这些曲子，心情自然而然就欢快起来了。

如民族管弦乐曲《春江花月夜》、《塞上曲》、《小桃红》以及琴曲《平沙落雁》等。

解除忧郁的音乐《喜洋洋》、《春天来了》及约翰·施特劳斯的《春之声圆舞曲》等。这类作品使人心情平静，仿佛看到春天穿着美丽的衣裳同我们欢聚在一起，其曲调优美酣畅，起伏跳跃，旋律轻盈优雅。

2 消除疲劳音乐

如《假日的海滩》、《锦上添花》、《矫健的步伐》、奥地利作曲家海顿的乐曲《水上音乐》等。这类作品清丽柔美，抒情明朗，在疲劳的生活中多听听这些音乐，会让人舒适无比。

3 促进食欲音乐

如果有时候胃口不好，可以听听下面的音乐。如《花好月圆》、《欢乐舞曲》等。这些作品充满生活热情，令人心情愉快，食欲大增。

胎教音乐的选择应根据自己的身体状况、兴趣爱好以及胎儿的承受能力综合考虑，不能光凭自己的一时兴趣。

4 催眠音乐

有些乐曲有着非常好的催眠效果，如二胡曲《二泉映月》、古筝曲《渔舟唱晚》，此外还有《平湖秋月》、《军港之夜》以及德国浪漫派作曲家门德尔松的《仲夏夜之梦》等。

六、正确选择胎教音乐

据观察，准妈妈在不同的妊娠时期有不同的生理与心理需要，往往也表现出不同的性格特点。一般的在妊娠前3个月里，妊娠反应比较明显，忧郁和疲劳极为常见；在孕中期（即怀孕4～7个月），准妈妈的情绪大多是乐观的，这时的食欲较旺盛，精力也显得充沛；而到了孕晚期，准妈妈的身子笨重，时常要想到分娩以及产后的问题，思想压力较大，焦虑现象也多。针对这些问题，而灵活选择胎教音乐可大大提高胎教效果。

1 孕早期胎教乐曲

孕早期宜听轻松愉快、诙谐有趣、优美动听的音乐。力求将准妈妈的忧郁和疲乏消除在音乐之中。可以选听《春江花月夜》、《假日的海滩》、《锦上添花》、《矫健的步伐》等曲子。特别值得一提的是《春江花月夜》这支曲子。如果仔细体会这支和谐、优美、明朗、愉快的乐曲，就仿佛是置身于春光明媚，鸟语花香的大自然中。

2 孕中期胎教乐曲

孕中期，准妈妈开始感觉出了胎动，胎儿也已开始有了听觉功能，这时的胎教音乐从内容上可以更丰富一些。通过音乐的欣赏，不仅陶冶了准妈妈的情操，调节了准妈妈的情绪，同时对胎儿也将产生潜移默化的影响。由于这时准妈妈的身子还不是太笨，尚能从事各种家务，完全可以边干家务边听音乐。怀孕中期除了可继续听孕早期听的乐曲外，还可再增添些乐曲，如柴科夫斯基的《B小调第一钢琴协奏曲》及《喜洋洋》、《春天来了》等乐曲，尤其是柴科夫斯基的《B小调第一钢琴协奏曲》，以新颖明晰的素材，表达了对光明的向往和对生活的热爱，曲调中充满了青春与温暖的气息。当腹内的胎儿接受了准妈妈美好的心理信息以后，其胎儿也会与准妈妈产生同感。

3 孕晚期胎教乐曲

孕晚期，准妈妈很快就要分娩，心理上难免有些紧张，况且这时胎儿发育逐渐成熟，体重已达3～4公斤，会使准妈妈感到笨重。这时应选择既柔和而又充满希望的乐曲。如《梦幻曲》、《让世界充满爱》、《我将来到人间》，以及奥地利作曲家海顿的乐曲《水上音乐》等。特别是《梦幻曲》是舒曼的钢琴套曲《童年情景》共13首曲子当中最脍炙人口的一支乐曲。柔美如歌的旋律，各声部完美的交融以及充满表现力的和声语言，刻划了一个童年的梦幻世界，表现了儿童天真、纯洁的幻想。

七、音乐胎教的误区

美妙的音乐对人体有益，为了让宝宝出生后能健康成长、聪明伶俐，许多家长都进行音乐胎教。但有关专家指出，错误的音乐胎教会伤害胎儿。常见的音乐胎教误区如下：

❶ 胎教音乐等于世界名曲

并非所有的世界名曲，都适合作为胎教音乐的，例如贝多芬的交响名曲《命运》、柴可夫斯基的交响名曲《悲怆》、圣桑的名曲《悲歌》，虽说表现与自然、命运的抗争，成年人能欣赏并从中感悟生活，但准妈妈听来，会有压抑感。胎教音乐还是应该尽量选择些古典、舒缓、欢快、明朗的乐曲。

❷ 胎教音乐放在肚子上听

离胎儿太近或声音太大，会影响甚至伤害宝宝的听力。给胎儿听音乐应当使用专用的无磁胎教传声器，音乐频率范围在500～1500Hz之间。直接将普通发音设备贴到肚皮让胎儿听是错误的。

❸ 不分早晚，想起来就听

胎儿和成年人一样有自己的作息规律，如果希望自己在欣赏音乐的同时，也能让腹中的宝宝有所收获，那么建议先掌握宝宝的作息规律，即什么时候胎儿在睡觉，什么时候醒着而且很活跃。尽量要选择胎儿清醒并很活跃的时候，最好每天养成习惯，也让胎儿形成条件反射，喜欢上“妈妈的音乐时间”。

❹ 给胎儿听音乐的时间过长

一般给胎儿听音乐，每次在半个小时之内为宜。音乐胎教要让胎儿反复聆听，才能造成适当的刺激。等到胎儿出生之后听到这些音乐，就会有熟悉的感觉，能够令初生的婴儿产生在母体内的安全感，对于安抚婴儿情绪有相当好的功效。

❺ 给胎儿听节奏较快音量较大的乐曲

太快的节奏会使胎儿紧张，太大的音量会令胎儿不舒服。因此，节奏太强烈、音量太大的摇滚乐就不适合作为胎教音乐。那音乐的音量放的较大，这会引起胎儿的躁动不安，长期下去，胎儿体力消耗太大，可能出生时体重过低，有时还出现不良神经系统反应。

八、挑选适宜的曲目

满足胎教条件的乐曲很多，准妈妈可多试听再选出适宜的曲子，不一定完全按照专家的指定而一成不变。可上互联网搜索试听后再找高质量的CD盘。下面推荐一些曲目以供试听。

1《蓝色的多瑙河》

“圆舞曲之王”、奥地利的约翰·施特劳斯创作于1867年的名曲，合唱曲与管弦乐曲的版本并存，乐曲描写了多瑙河的秀丽景色，被誉为是奥地利的“第二国歌”，每年维也纳新年音乐会的必演曲目。

2《晨曲》

英国作曲家埃尔加写于1901年的小品，与另一首《黄昏之歌》相对应，原曲是为小提琴及钢琴所作。

3《印度之歌》

由俄国作曲家里姆斯基·柯萨科夫1896的发表的歌剧《萨特阔》中第四场印度商人的唱段改编而来，因其充满异国情调的旋律而让人难以忘怀。

4《船歌》

选自《霍夫曼的故事》，法国著名的喜歌剧作曲家奥芬巴赫所作，原为歌剧《霍夫曼的故事》中的二重唱曲，后被改为多种音乐演奏形式，“船歌”又称“威尼斯船歌”，它也是一种音乐体裁的名称。门德尔松及肖邦亦有类似体裁的作品。

5《闲聊波尔卡》

奥地利作曲家约翰·施特劳斯的波尔卡代表作之一，1858年为其在俄罗斯的演出而专门创作，乐曲生动地描绘了妇女们愉快生活的场景。

6《伦敦德里小调》

爱尔兰民谣中流传最广的一首，后由奥地利作曲家克莱斯勒改编成小提琴曲。伦敦德里又叫德里，是爱尔兰岛北部的一座小城。乐曲纯朴动人，充满温馨情调。

7《那不勒斯的塔兰泰拉舞曲》

意大利著名歌剧作曲家罗西尼于1830～1835年间创作的音乐曲集《音乐夜宴》中的第八曲，原为女高音独唱曲。

8《罗马之恋》

这是一首以罗马名胜为题材的乐曲，那低缓而略带伤感的旋律表达了游人们对风景名胜依依不舍的心情。乐曲有着意大利通俗歌曲的韵律，使去过罗马的人们对美丽的往事流连不已。

9《意大利随想曲》

曼陀凡尼乐队的保留曲目，由《塔兰泰拉舞曲》、《我的太阳》、《弗朗西斯卡》、《桑塔露齐亚》、《玛丽亚·玛丽》、《富尼古利·富尼古拉》等六首曲子的主旋律组成，是其演奏会中最受欢迎的曲目之一。在中国献演时，也受到热烈欢迎。

⑩《探戈》

西班牙作曲家阿尔贝尼斯所作钢琴曲集《西班牙》中的第二首，因其旋律优美流畅，有如一首抒情歌曲而广为流传。探戈是由西班牙所特有的民族舞曲探戈·弗拉明哥演变而来的一种在现代社会广为流传的舞曲，曼陀凡尼本人对这一体裁尤为喜爱。

⑪《月光奏鸣曲》第一乐章

贝多芬《月光奏鸣曲》的这个乐章，以不间断的三连音缓慢展开，犹如水波的荡漾，蕴含着幻想的气息，宁静的感觉，适合胎儿聆听。

⑫《G大调无词歌》

门德尔松的这支《无词歌》是精致简短的小品，孟德尔颂把人类感情最的部分寄托于旋律，显现出幸福的特质。

⑬《降E大调夜曲·作品9第2号》

这首《降E大调夜曲》是萧邦所有的夜曲中，知名度最高的一首，其甜美动人的音色，仿佛似晶莹剔透的水晶灯一般，令人爱不释手。

⑭《木管小夜曲》

理查·史特劳斯的《木管小夜曲》偏向古典乐派的曲风，再加上理查·史特劳斯所特有的优美旋律，足以讨好每一双挑剔的耳朵，对于母亲腹中的胎儿来说，也具有安定的作用。

九、优美乐曲赏析

①《蓝色多瑙河》

此曲始作于1866年。小约翰·施特劳斯虽创作出数百首圆舞曲,但还没有创作过声乐作品，这首合唱曲的歌词是他请诗人哥涅尔特创作的。1867年首演。当时维也纳在普鲁士围攻下,人们处于张皇之中,首演失败。直到1868年2月，小约翰·施特劳斯住在维也纳郊区离多瑙河不远的布勒泰街54号时，把这部合唱曲改为管弦乐曲，在其中又增添了许多新的内容。同年，这部乐曲在巴黎公演时获得了极大的成功。顷刻间，这首圆舞曲传遍了世界各大城市，后来竟成为作者最重要的代表作品。直至今日，这首乐曲仍然深受世界人民喜爱。在每年元旦维也纳举行的“新年音乐会”上，

本曲甚至成了保留曲目。

乐曲由序奏、五个小圆舞曲和尾声组成：

序奏开始时，小提琴在A大调上奏出徐缓的震音，好像是多瑙河的水波在轻柔地翻动。在这个背景的衬托上，圆号吹奏出这首乐曲最重要的一个动机，它象征着黎明的到来。

第一小圆舞曲描写了在多瑙河畔，陶醉在大自然中的人们翩翩起舞时的情景。

第二小圆舞曲首先在D大调上出现，巧妙而富于变化的第二圆舞曲描写了南阿尔卑斯山下的小姑娘们，穿着鹅绒舞裙在欢快地跳舞；突然乐曲转为降B大调，与第一部分形成对比，富于变化的色彩显得格外动人。

第三小圆舞曲属歌唱性旋律，这段音乐采用了切分节奏，给人以亲切新颖的感觉。

第四小圆舞曲在开始时节奏比较自由，琶音上行的旋律美妙得连作曲家本人也很得意，仿佛春意盎然，沁人心脾。

第五小圆舞曲是第四圆舞曲音乐情绪的继续和发展，只是转到A大调上。起伏、波浪式的旋律使人联想到在多瑙河上无忧无虑地荡舟时的情景。

最后部分是全曲的高潮和结尾。乐曲的结尾有两种，一种是合唱型结尾，接在第五小圆舞曲之后，很短。另一种是管弦乐曲结尾，较长，依次再现了第三小圆舞曲、第四小圆舞曲及第一圆舞曲的主题，最后结束在疾风骤雨式的狂欢气氛之中。

胎教提示 当准妈妈心情不好时，可以听这首欢快的曲子。当准妈妈听到这首曲子时，仿佛也置身于多瑙河畔那欢快的人群中，心情也会变得愉悦、欢快起来。

2 《梦幻曲》

《梦幻曲》是舒曼所作的钢琴套曲——《童年情景》中的第7首。由于它有着宽广如歌的旋律和诗一般的意境，常被一些音乐家在音乐会上单独演奏。

此曲整个旋律起伏匀称、婉转流连，渗透着宁静的冥想色彩。由于中段采用了调性不确定的处理手法，正体现了在梦境中轻柔缥缈、朦胧变幻的感觉。

胎教提示 《梦幻曲》是描绘对童年美好回忆的作品，它尤其适合准妈妈在怀孕早期听。由于孕早期胎宝宝对声音的刺激尚不太敏感，因此这支旋律舒缓、轻柔抒情的音乐作品正适合不能受强声音刺激的孕早期胎宝宝。

3《四季——春季》

这部协奏曲是意大利作曲家维瓦尔弟于1725年发表的一套大型作品《和声与创意的实验》中的前4首，该大型作品由4首协奏曲组成。作品如同一幅幅富有表现力的风景画，流露出巴洛克音乐的风格特征。特别是小提琴的多种演奏技巧，具有强烈的描绘性特点。

第一乐章：回旋曲，表达春天主题：春天来了，无限欢欣。

第二乐章：比较短，描绘了田园风光。在鲜花盛开的草地上，在轻轻摇曳的草丛中，牧羊人在歇息，忠实的牧羊狗躺在身旁。音乐优美恬静。

第三乐章：具有舞曲的特点，伴随着乡间风笛欢快的音乐声，在春天晴朗的天空下，少女们与牧羊人翩翩起舞。

胎教提示 《四季》是巴洛克音乐的最重要的代表作之一，而巴洛克音乐又是最适合胎教的音乐。因为巴洛克音乐非常注意音乐形式上的表现和创造，其低音和音乐的结构特别能让准妈妈在聆听时达到宁静、舒怀、赏心的目的。因此，在欣赏巴洛克音乐的重要代表作曲家维瓦尔弟的《四季——春季》时，准妈妈可以通过它细腻柔美的音乐语言，足不出户的享受到春季的萌动和勃发，以唤起自己美好的情怀。

斯瑟蒂克真经：

我是这样给胎儿讲故事的

理论与方法：

语言胎教

斯瑟蒂克真经：我是这样给胎儿讲故事的

选择充满幸福与希望的幼儿画册

幼儿画册是培养孩子的想像力、独创性以及进取精神最好的教材。通过将画册每一页的幻想世界，用父母富于想像力的大脑放大后传递给胎儿，能够很好地促使胎儿的心灵健康成长。

斯瑟蒂克夫妇俩制定好妊娠计划后便准备好一些教材，首先就是幼儿画册。斯瑟蒂克夫人说她外出时会经常走进书店，去找一些色彩丰富、内容愉快、富于幻想、情节独特的，能唤起人幻想、幸福和希望的幼儿画册。

小时候读过的《灰姑娘》、《小鹿斑比》、《唐伯大象》等沃尔特·迪斯尼的幼儿画册，或反映自然、动植物生态、科学进步的附有彩色插图和照片的书，以及有关世界上各民族风情或风景、陆海空交通工具等内容的书，斯瑟蒂克夫人都尽可能去寻找，避免只偏于某个方面，并从中选择出斯瑟蒂克夫人喜欢的，而且内容和结构又都十分精练的作品。她除了把这些教材的内容讲给胎儿听外，还会把她从这些教材中感觉到的那些赏心悦目的色彩和独特的构思讲给胎儿听。

在选择幼儿画册时，斯瑟蒂克夫人非常注意画册中是否有暴力、战争和恐怖的内容，如《汉森兄妹的故事》、《白雪公主》、《小红帽》等故事都是应该避免的。即使同样一个故事，也会有不同的版本，斯瑟蒂克夫人会选择那些将残酷和恐怖的场面删减掉的版本。这是因为那些残酷和恐怖的内容会让没有丝毫心理防备的胎儿感到不必要的恐惧，而且会不利于胎儿的健康发育。

有些人一定会反驳说：应该同时教给孩子善与恶。但是斯瑟蒂克夫人

认为，善与恶孩子自己迟早会认识到的，没有必要在胎儿期间就把关于什么是“恶”的观念灌输给孩子。

因此，斯瑟蒂克夫人会尽可能避免看描述神秘鬼怪、杀人推理、战争暴力的电视和电影。因为她想，如果看了这类片子，就会产生吃惊、恐怖、憎恨的心理，那么胎儿也会感到害怕，从而拒绝她传递的信息。

胎教教材不拘一格

其实，胎教教材可以是任何美好的事物，如果你对植物了如指掌，你可以给胎儿讲植物；对美术造诣较深，可以给胎儿介绍美术；若是你擅长绘画和文章，可以自己创作并讲给孩子听。

如果你不擅长绘画，可以把杂志上的照片、插图剪下来，或者贴上有色彩的纸，拼成风景和人物图等。

总之，方法会有很多，这样做的目的不在于你完成后是否漂亮、精致，而在于你在制作过程中显示出的独创性，以及反复讲给胎儿听时的想象力对胎儿所起的作用。

除了童话，斯瑟蒂克夫人给苏珊讲过的还有关于日本孩子做的游戏，日本人的节日以及春夏秋冬四季的生活习惯。山里的动物、海里的鱼等也都是斯瑟蒂克夫人胎教的内容，她认为这类题材很适合作为她向苏珊传授知识的视觉教材。

利用画册作为教材进行胎教时一定要注意，母亲要把感情倾注于故事的情节中去。不论你在讲什么，都要把自己作为故事中的人物来讲，并尽可能地使用“自己的语言”，少借用别人的话或人云亦云；讲故事前必须充分把握故事的内容，理解了以后再讲给胎儿听。

例如，就胎儿经常听到的心脏搏动的声音进行解说时，若按医学辞典有关心脏这项解释照本宣科地读，那么，胎儿听到的都是些难以理解的文字，根本不明白你说的是什么。

因此你必须先知道心脏的构造，然后在头脑中勾画出它是怎么搏动的，给胎儿讲的时候就像自己的心脏就在眼前一样，这时的语言务必要很容易懂，声音要很柔和，因为胎儿就是通过在你头脑中勾画出的图像和充满爱的语言来学习知识的。

形象化使胎教更立体

母亲在讲故事时，可以通过适时地调节语音声调使胎儿了解故事是怎样展开的，因为单调和毫无生气的声音是不可能唤起胎儿的感受性的。

斯瑟蒂克夫人朗读的时候总是充满感情，且同时让故事的内容在自己的头脑里形成一个具体的形象。每当她讲到欢乐的情景时就会兴奋激动，这时就用欢快明朗的声音；讲到悲伤的场面时就声音低沉；讲到去冒险，就用充满勇气的声调；涉及科学知识内容时，就用严肃的语调，这样一字一句地读给孩子听。

并且，她不仅仅是朗读，而是将这些语言通过自己的五官使它形象化，以便更具体地传递给胎儿。因为她认为胎儿已经有“心”了，他对语言不是用耳而是用脑来接受的，对他讲话时不能单凭声音，而要在头脑中先把所讲的内容形象化或是抓住某种感觉再讲，把语言用一种画面或立体形象传递给胎儿，因为找不到确切的叫法，斯瑟蒂克夫人暂且称它为“画的语言”！总之，这是一种立体的双向传递方式。将语言和印象在头脑中以鲜明的图画形式再现出来，只要每天坚持这一工作就必然会熟能生巧，并能提高母亲向胎儿传授知识的能力。刚开始做这项工作时，选择自己喜爱并熟悉的事物作为对象，要简单易行得多。

例如，斯瑟蒂克夫人给胎儿讲“梅丽去山里野营”这个情节的时候，先在头脑中浮现出一个红头发、褐色眼睛、目光炯炯的小女孩形象；再想象山里林木茂盛，树上有松鼠、小鸟的巢穴等。同时设想，梅丽在这样的

山上搭帐篷一定是非常激动的。

她总是在自己的头脑中把这些情景描绘出来并沉浸在快乐之中：如果山里野草莓熟了的话，就深深地嗅着那沁人心脾的香气，摘下一个酸甜可口的果实放在嘴里；去小河里打水的时候，不自觉地会把腿伸到河里，一下子感到水冷得刺骨，于是就叫喊着跑起来……

这样就把梅丽做的事变成了她自己的感觉。

理论与方法：语言胎教

一、语言胎教的方法

准妈妈及家人用文明礼貌、富于哲理和韵律的语言，有目的地对子宫中的胎儿讲话，给胎儿的大脑新皮质输入最初的语言印记，为后天的学习打下基础，此种方式称为语言胎教。

胎儿不断接受语言波的信息，使其在空白的大脑上增加“语音符号”。优美的语言不但可以刺激胎儿大脑的生长发育，而且可使孕妇自身调节，进入愉快和宁静的状态。怀孕晚期胎儿已具备了听力和感觉能力，对父母的言行会做出一定的反应，似乎有种“心理感应”，而且出生后在脑子里形成了记忆。

语言胎教的实施方法总的来说可以分为两大类，第一类是准妈妈和准爸爸给胎儿讲故事，读童话、散文等文学作品，以及和宝宝一起看画册等。另一类就是准妈妈和准爸爸对胎儿说话，可以教宝宝认识生活中的事物，或对宝宝讲生活中的点点滴滴。除了这些方法，准妈妈和准爸爸还能在做抚触胎教以及光照胎教的同时也对胎儿讲话。将各种胎教结合起来实施，效果会更好。

二、语言胎教基本要求

语言胎教时，一定要体现形象性和形象美的要求。只有形象、声音、情感三者结合在一起，形象才生动了，母亲才能感到语言胎教的有趣和快乐，胎儿的听觉才能感觉到美好的信息，胎儿的心灵才能留下美好的印象。

语言胎教对胎儿的成长具有非常重要的意义，进行语言胎教时的基本要求主要有以下几点：

1 语言讲解要视觉化

在进行语言胎教时，不能对胎儿念画册上的文字解释，而要把每一页的画面细细地讲给胎儿听。把画的内容视觉化，胎儿虽然不能看到画册上画的形象或外界事物的形象，但母亲用眼看到的东西，胎儿用脑“看”即可感受到。母亲看东西时受到的视觉刺激，通过生动的语言描述就视觉化了，胎儿也就能感受到了。

2 将形象与声音结合

像看到影视的画面一样，先在头脑中把所讲的内容形象化，然后用动听的声音将头脑中的画面讲给胎儿听。这样，你就和胎儿一起进入你讲述的世界。你所要表现的中心内容，也就通过形象和声音输入了胎儿的头脑里。

3 把形象和情感融合

干巴巴地讲，自然收不到好效果，要创造出情景相生的意境。例如你到大自然中散步，一边走一边看，感到轻松愉快，有一种安详、宁静的情绪荡漾在心头的感觉。这时，你就用这样的心情把所见所闻讲给胎儿听："宝宝，你看见红花和绿草了吗？它们是那么的美丽，等你长大了和妈妈再一起来这里好吗？"

三、实施对话胎教的方法

准爸妈通过动作和声音与腹中的胎儿对话是一种积极有益的胎教手段。在对话过程中，胎儿能够通过听觉和触觉感受到来自爸妈爱的呼吸，对促进胎儿的身心发育具有十分有益的影响。

对话可从妊娠3～4个月开始，每天定时刺激胎儿，每次时间不宜过长，1分钟足够。对话内容不限，可以问候，可以聊天，可以讲故事，以简单、轻松、明快为原则。例如早晨起床前轻抚腹部，说声"早上好，宝宝"，打开窗户告诉胎儿"宝宝，今天天气真好"等，最好每次都以相同的询问开头和结尾，这样循环往复，不断强化，效果较好。晚上准爸爸临睡前也要和胎儿对话，这些熟悉的声音可促进胎儿听觉发育，记忆增强。

随着妊娠的进展，每天还可适当增加对话次数，可以围绕爸妈的生活内容，把每一件新鲜事物，把美好的感受反复传达给胎儿。最后还需提醒大家：由于胎儿还没有关于这个世界的认识，不知道谈话内容，只知道声音的波长和频率。而且，他并不是完全用耳听，而是用他的大脑来感觉，接受着母体的感情。所以在与胎儿对话时，孕妇要使自己的精神和全身的肌肉放松，精力集中，呼吸顺畅，排除杂念，心中只想着腹中的宝宝，把胎儿当成一个站在面前的活生生的孩子，娓娓道来，这样才能收到预期的效果。

孕妇在对胎儿做对话胎教时，应细致地观察胎儿有何反应。若是胎儿反应强烈，就应暂停。

四、与宝宝谈话的内容

胎儿是有敏锐的感受力和学习力的。胎儿在母亲肚里，便开始记忆母亲的声音，甚至是准爸爸的声音，也因此而有舒适和安定的感觉。准妈妈和准爸爸如果能时常以温柔的声音和腹中胎儿说话，可以让胎儿有被爱的感觉。

1 生活中的点点滴滴都告诉他

当你早晨起来的时候，你应该先对胎儿说一声“宝宝早上好”，告诉他早晨已经到来了。打开窗帘，呼吸清新的空气，这时你可以告诉宝宝：“小宝宝，今天的天气真不错。”当你洗脸、刷牙时，就可以对胎儿说：“宝宝，妈妈要洗脸了，你看，洗完脸妈妈觉得舒服极了，也漂亮了，对吗？”还可以告诉他肥皂为什么起泡沫，吹风机为什么能把头发吹干……

总之，你可以把生活中的一切都对胎儿叙述。通过和胎儿一起感受一天的生活，准妈妈会觉得生活很充实。通过点点滴滴的日常语言胎教，母子之间的感情纽带会更牢固，并且有助于培养胎儿对母亲的信赖感，以及打下对外界感受力和思考力的基础。

准妈妈常用招呼用语：

1.一般用语

“宝宝”、“你好”、“早”、“你早，小宝宝”、“晚安，我的宝贝”等。

2.复杂一些的用语

起床时：“早上好！可爱的小宝贝”等。

早上打开窗户时：“太阳升起来了，宝宝”。

吃饭时：“小宝宝，吃饭喽，妈妈做了好多好吃的东西”等。

开门回家时：“我们回家啦，小宝贝”等。

下班时：“乖乖，爸爸回来了”等。

3.带情节的用语

“小宝宝，现在是早晨，天气晴朗，一会儿爸爸去上班了，你跟着妈妈要听话，下班爸爸再给你讲故事。”

“今天是星期天，是休息日，爸妈带你去公园，呼吸新鲜空气，看看绿绿的草地，红红的花朵，好吗？”

“宝宝，爸妈喜欢你，无论你是男孩，还是女孩都喜欢，放心睡觉吧！”

2 户外语言胎教

散步不仅有利于孕妇的身体健康，也可以为进行胎教的母亲提供了解社

会、接触更多事物的机会。看到菜市场、花店、超市、高楼大厦，都可以告诉胎宝宝那里是干什么的，也可以到风景宜人的公园，感受大自然的勃勃生机和人们的快乐，然后对胎儿说“宝宝，妈妈今天带你去公园，你看公园里多美啊，有鲜花，有金鱼，有绿树，你喜欢吗？”可以把你的所见所闻一一描述给胎儿听。

总之，在户外看见的一切有益的东西都可以跟胎儿说，让他感受到世界的多姿多彩，在他的大脑里留下美好的印痕。

3 自然界的自然现象

除了可以跟胎儿说生活中的点点滴滴和每天所看到的事物外，还可以给胎儿讲一些自然界里的自然现象以及生活中的一些现象，这样可以开阔胎儿的视野。讲解时，可以准备一些配套图片和画册来辅助讲解。当然准妈妈也可以在书店里买一些类似《十万个为什么》的自然科普书来参考着讲给胎儿听。下面为准妈妈推荐几个可以讲解的素材。

1.一年为什么有四季

地球上分为四季与地球绕太阳公转运动有关。因为地球在转动时并不是垂直的。当太阳直射在北回归线时，北半球获得阳光和热量较多，处于炎热的夏季，南半球处于冬季；当太阳直射赤道时，南北半球获得阳光的热量相等，分别处于秋季或春季；当太阳直射南回归线时，北半球获得的光照热量少，处于冬季，南半球处于夏季。所以由于受热不等，温度有差异，出现了春、夏、秋、冬四个季节。

2.风是怎样开成的

风是与地面平行流动的空气。一天当中，太阳直射到地面上，空气受热膨胀，开始上升，这时周围的冷空气跑过来补充，造成各地区大气厚度上的差异，空气总是从高气压向低气压流动，于是就形成了空气流动。在海上和陆地，空气在白天与夜晚的温度都是有差异的。所以，白天，风从陆地刮向海上；夜晚，则由海上刮向陆地。当温度变化剧烈时，风也就变得很大。

3.室内种仙人掌有什么好处

仙人掌原本生活在沙漠，为适应沙漠干旱的气候，它白天将气孔关闭，以免水分被灼热的阳光蒸发掉，夜间则打开气孔，吸收二氧化碳，呼出氧气。所以室内摆上几盆仙人掌，可使空气中的负离子增加，对于改善居室的空气质量，是大有好处的。

4.为什么走进新装修的屋子会头昏眼花

走进新装修的屋子，会有一种异味，它们是由装修材料散发出来的。原来现在许多室内装修材料都是塑料、化纤制品等，其中含有甲醛、苯酚等有毒物质，它们挥发到屋内空气中，造成空气污染，使人体内的红细胞被杀死，人呆久了自然会觉得头昏眼花。

五、教宝宝生活小常识

对于准妈妈来说，喃喃自语般地将一天中看到的、听到的和经历的事情讲述给腹中的宝宝，既是语言胎教中很有意义的常识课内容，又是维系母子之间感情、培养胎宝宝感受能力和思维能力的基础。例如，当准妈妈正在散步时，可以一边走，一边给腹中的胎宝宝讲：“宝宝看，每天早上都有好多爷爷奶奶在公园里锻炼身体呢，你看他们多么开心啊！”在吃饭时，也可对胎宝宝这样说：“宝宝，你看，餐桌上有什么？让妈妈来告诉你，有鱼、鸡翅、豆角，还有一盘水果沙拉，这些都是妈妈喜欢吃的，吃饭前我们要去洗手，洗干净了才能吃饭哦！”

虽然只是一些生活中的小常识，但是，在你娓娓道来的同时，腹中的胎宝宝却在感受着你对他的这份关爱，可以明显提高胎宝宝的感受能力。

另外，准妈妈还可以通过一些小儿歌，把看到的、听到的事情唱给宝宝听，这样或许会有更好的效果。下面推荐几首有趣的小儿歌。

1.做早操

早上空气真叫好，
我们都来做早操。
伸伸臂，弯弯腰，
踢踢腿，蹦蹦跳，
天天锻炼身体好。

2.花儿好看我不摘

公园里，花儿开，
红的红，白的白，
花儿好看我不摘，
人人都说我真乖。

3.人有两件宝

人有两件宝，
双手和大脑，
双手能劳动，
大脑能思考。

4.睡午觉

枕头放放平，
花被盖盖好。

小枕头，小花被，
跟我一起睡午觉，
看谁先睡着。

5.饭前要洗手

小脸盆，水清请，
小朋友们笑盈盈，
小手儿，伸出来，
洗一洗，白又净，
吃饭前，先洗手，
讲卫生，不得病。

6.漱口

小花杯，装清水，
“咕噜咕噜”漱漱嘴。
要想牙齿好，
吃过东西快漱嘴。

7.洗手帕

小手帕，印花花，
哪儿脏了擦一擦。
擦脏了，泡水里，
自己动手洗一洗。

8.红绿灯

大马路，宽又宽，
警察叔叔站中间，
红灯亮，停一停，
绿灯亮，往前行。

六、教宝宝认识小动物

在与胎宝宝对话、讲故事的基础上，再进一步进行教胎宝宝认识动物的游戏。我们可以制作一些简单的图像卡片，或是去书店买些动物卡片，也可以选用手偶玩具。通过深刻的视觉印象将卡片上描绘的图像、形状与颜色传递给胎宝宝。

例如，准妈妈可以拿出一张画有小猫的卡片，读给胎宝宝听，并教他辨认，再拿出一张画有小狗的卡片，也读给胎宝宝听。最后抚摸着肚子问胎宝宝，“认得小猫小狗了吗，说说看，小猫小狗哪个更可爱？”这样，寓教于乐，达到了母子间的感情充分交流的目的，对胎宝宝的身心发展大有益处。

除了可以用卡片教胎宝宝认识动物外，准妈妈还可以通过给胎宝宝念一些关于小动物的儿歌，形象生动地给胎宝宝描述动物，让胎宝宝能更感兴趣。下面介绍一些小儿歌，准妈妈可以在胎教中试着念给胎儿听：

1.花猫照镜子

小花猫，喵喵叫，
不洗脸，把镜照，
左边照，右边照，
埋怨镜子脏，气得胡子翘。

2.小螃蟹

小螃蟹，真骄傲，
横着身子到处跑，
吓跑鱼，撞倒虾，
一点也不懂礼貌。

3.小青蛙

小青蛙，呱呱呱，
水里游，岸上爬，
吃害虫，保庄稼，
人人都要保护它。

4.小白兔

小白兔，白又白，
两只耳朵竖起来，
爱吃萝卜爱吃菜，
蹦蹦跳跳真可爱。

5.大蜻蜓

大蜻蜓，绿眼睛，
一对眼睛亮晶晶，
飞一飞，停一停，
飞来飞去捉蚊蝇。

6.大骆驼

骆驼骆驼志气大，
风吹日晒都不怕。
走沙漠，运盐巴，
再苦再累不讲话。

7.小鸭子

小鸭子，一身黄，
扁扁嘴巴红脚掌。
嘎嘎嘎嘎高声唱，
一摇一摆下池塘。

8.螳螂

螳螂哥，螳螂哥，
肚儿大，吃得多。
飞飞能把粉蝶捕，
跳跳能把蝗虫捉。
两把大刀舞起来，
一只害虫不放过。

七、和胎儿一起看画册

准妈妈和准爸爸用富于想像力的大脑将图画中的幻想世界放大后传递给胎儿，能够很好地促使胎儿的心灵健康成长，最常见的方式是看画册。

在看画册的时候，既要欣赏画册的美，也要把画册的内容或小知识讲给胎儿听。在讲的时候，如果对植物了如指掌，可以多讲讲植物；如果对美术造诣较深，不妨介绍美术；若是擅长绘画和写作，可以将图画赏析给胎儿听。

选择画册时，准爸爸准妈妈应尽量找一些色彩丰富、内容愉快、富于幻想、情节独特，能唤起人幻想、幸福和

希望的幼儿画册。最好将那些描绘残酷和恐怖场面的画页删除，以免让胎儿感到不必要的恐惧。准妈妈还可以自己绘制一些图画。绘画的过程本身也是一种修身养性、陶冶身心的行为，还可以培养自己的美学修养，一举两得。

八、给胎宝宝讲故事

给胎宝宝讲故事要有选择性，故事的内容宜短小、轻快、和谐，最好选择那些色彩丰富、富于幻想的故事。内容可以选择提倡勇敢、理想、幸福、友爱、聪明、智慧等的故事，那些容易引起恐惧、伤感以及使人感到压抑的故事，如《灰姑娘》、《白雪公主》等，就不适宜讲给胎儿听。

除利用幼儿读物进行讲述外，也可以由父母自编，任意发挥故事内容。此外，母亲还可以给胎儿朗读一些轻快活泼的儿歌、诗歌、散文以及顺口溜等。

以下为准妈妈推荐几个胎教故事，准妈妈可以在胎教中念给胎宝宝听。

1 《三个好朋友》

花园里有三只蝴蝶，一只是红色的，一只是黄色的，一只是白色的。三个好朋友天天都在一起玩，可快乐了。

一天，他们正玩得高兴，天突然下起了雨。三只蝴蝶的翅膀都被雨打湿了，浑身冻得发抖。

三只小蝴蝶一起飞到红花那里，对红花说：“红花姐姐，让我们飞到你的叶子下面躲躲雨吧！”红花说：“红蝴蝶进来吧，其他的快飞开！”

三个好朋友一齐摇摇头：“我们是好朋友，一块儿来，也一块儿走。”

他们又飞到黄花那里，对黄花说：“黄花姐姐，让我们飞到你的叶子下面躲躲雨吧！”

黄花说：“黄蝴蝶进来吧，其他的快飞开！”三个好朋友一齐摇摇头：“我们是好朋友，一块儿来，也一块儿走。”

然后，他们又飞到白花那里，对白花说：“白花姐姐，让我们飞到你的叶子下面躲躲雨吧！”

可是白花也说：“白蝴蝶进来吧，其他的快飞开！”

这三个好朋友还是一齐摇摇头，对白花说：“我们是好朋友，一块儿来，也一块儿走。”这时，太阳公公看见了，赶忙把乌云赶走，叫雨停下。

天终于晴了，这三个好朋友又可以一起在花丛中跳舞玩游戏了。

2 《熊猫眼镜店》

熊猫先生的大黑眼镜真有派头，你

要知道他就是眼镜店经理呀。

熊猫眼镜店的生意很好。无论谁想要什么样的眼镜，都能在这儿买到。

大象叔叔来了，“熊猫经理，我想配一副大些的近视眼镜。”

熊猫先生说：“好办，好办。”

鼹鼠奶奶来了，“熊猫经理，我想配一副小一些的老花眼镜。”

熊猫先生说：“没问题！”

大象叔叔戴上近视眼镜，鼹鼠奶奶戴上老花眼镜，他们互相看了看：“啊，看清楚了，”他们同时叫起来，“原来是隔壁邻居！”

大象叔叔对鼹鼠奶奶说：“我儿子去找你孙子玩，不一会儿跑回来，说‘小鼹鼠太小了，玩不到一块儿去！’”

“就是，就是。”鼹鼠奶奶说，“我孙子也挺愿意和你儿子做朋友，可你家小象太大了些，不相称。”

熊猫先生插嘴说：“我有办法能让小象和小鼹鼠玩到一块儿去。把你们的孩子找来吧。”

过了一会儿，小象被爸爸领来了，小鼹鼠被奶奶领来了。

熊猫先生已经准备好一大一小两副眼镜。“小象，小鼹鼠，试试你们的眼镜吧。”

大象叔叔连忙说：“我儿子可不近视！”

鼹鼠奶奶说：“我孙子的眼力好着呢！”

熊猫先生笑了，“这两副眼镜平时用不着。”他对小象说：“当你要去找小鼹鼠玩时，你就戴上这副眼镜。”小象戴上眼镜。“啨，小鼹鼠变大了，变得和我一样大了！”

熊猫先生又把另一副眼镜递给小鼹鼠：“当你要去找小象玩时……”

小鼹鼠戴上眼镜，发现小象变得和自己一样小了。

小象和小鼹鼠戴着眼镜高高兴兴地跑出眼镜店，一起玩去了。

3《春天来了》

春天来了，小树发芽了，小草变绿了，小花也开了，有桃花、梨花、丁香花、玉兰花，真是漂亮极了。

晚上，天空挂着月亮，小星星在月亮婆婆身边睡着了。这时，公园里传来了好听的说话声。

桃花说：“春天真好，我最喜欢春天了，太阳暖暖的，花儿也开了，多好啊！你们说是不是我先开的？是我把春天迎来的。”

梨花说：“你说的不对，是我先开的，你看我全身白白的，多像雪白的玉。”

玉兰花说："你们说的都不对，是我最先和春姑娘说话的，我最香了，春姑娘最喜欢我了。"

花儿们的说话声把月亮婆婆吵醒了，月亮婆婆问花儿们："你们说什么呢？真热闹，让我也听听"。

梨花向月亮婆婆招招手，高兴地说："月亮婆婆，春天真好，您告诉我们，是谁最先把春天姑娘迎来的？"

月亮婆婆想了想，微笑着说："我知道刚才你们说什么了，我来告诉你们答案。春姑娘是小草最先迎来的，在你们没开花的时候，小草已经钻出地面了。"

听了月亮婆婆的话，桃花、梨花、玉兰花都低下了头。

月亮婆婆又说："好了，孩子们，咱们睡觉吧！呆一会儿春姑娘该来叫你们了。"

公园里又静静的了，月亮婆婆，还有桃花、丁香花、玉兰花都闭上眼睛了，她们的梦里春姑娘还在跳舞呢。

4《美丽的小路》

鸭先生的小屋前有一条长长的小路。小路上铺着花花绿绿的鹅卵石，小路的两旁开着一朵朵美丽的鲜花。

兔小姐慢慢地从小路上走过来，说："呵，多美的小路呀！"鹿先生轻轻地从小路上走过来，说："呵，多美的小路呀！"朋友们都说鸭先生有一条美丽的小路，他们都喜欢在美丽的小路上散散步，说说话。

可是过了不久，美丽的小路不见了。一堆堆的垃圾堆在小路上，苍蝇在小路上嗡嗡地飞着。这里发生了什么事呢？原来是鸭先生把吃剩下的饭菜，随手往小路上一扔；把泥巴、菜叶和小瓶子也都往小路上一扔。

兔小姐馒慢走来，说："呀，美丽的小路不见了！"鹿先生也轻轻走来，说："咦，美丽的小路哪儿去了？""天哪！我那美丽的小路到哪儿去了呢？"鸭先生也叫起来。他看着看着，忽然一拍脑袋说："我一定要把美丽的小路找回来。"

这天，鸭先生早早起来了，他推着一辆小车，拿着一把扫帚，用力地扫着小路上的垃圾。

兔小姐和鹿先生看见了，也赶来帮忙，他们提着洒水壶，给花儿浇浇水，给小路洗洗澡。

不一会儿，啊，一条干干净净的小路又出现了，兔小姐说："嗯，美丽的小路好香啊！"鹿先生也说："嗨，美丽的小路好亮啊！"鸭先生对朋友们说："让美丽的小路一直和我们在一起吧！"大家都说好。

九、给胎宝宝读童话

如果希望胎宝宝通过与准妈妈的情感沟通，渐渐成长为充满勇气、情感丰富的孩子，那么就应该采取童话胎教。

童话的“天马行空”可以很好地培养胎宝宝的想像力、创造力。你可以每天选择一个固定的时间，给“胎宝宝”讲一个你精心准备的童话故事，这样不仅能够帮助你缓解焦虑，而且在讲述童话的过程中，你自己也仿佛回到了美好的童年时光。

为胎宝宝选择童话故事时应该注重体现勇敢、善良、聪明、勤劳等美好的品质，童话故事中所蕴藏的情感要丰富，并且结局也要美好。这样可以给胎宝宝以良性的刺激，有利于胎宝宝成长。

下面为准妈妈推荐几个童话故事。

1 《南瓜星上的孩子》

宇宙中有一颗星，叫南瓜星。

南瓜星上的孩子们舒服极了，他们连一丁点儿活都不用干。爸爸妈妈都说：“你们只要好好学习就行！”

为了不耽误儿子看书，儿子的鞋带总是由爸爸来系。

为了让女儿多练一会儿钢琴，妈妈拿着小勺亲自给女儿喂饭。

南瓜星上的孩子们真有出息：在这里，两岁的小孩儿会书法，会画画，会打算盘；三岁的小孩儿会唱歌，会跳舞，还会下围棋；四岁的小孩儿能演奏99种乐器……

地球上的小孩儿到六岁半才上学。可是，在南瓜星上，六岁半的孩子都已经大学毕业了。这些大学生们学到了许多知识，偏偏没有学会干活。

日子一年一年过去了。终于有一天，南瓜星上的爸爸妈妈们都老了，都去世了。从此，这个星球上再也没人会系鞋带，会使小勺了……

不会系鞋带怎么走路呀？不会使小勺怎么吃饭呀？没办法，总统只好派飞碟去地球上请老师。

飞碟飞得真快，地球上的老师很快就请来了。这些老师是谁？是幼儿园的小朋友！有大班的、中班的，也有小班的。

幼儿园的小朋友开始给他们上课了。小班的孩子教南瓜星上的人用小勺吃饭；中班的教他们系鞋带、扣钮扣；大班的教他们叠被子、归地、洗碗……

南瓜星上的人跟地球上的小朋友学会了本领，也明白了一个道理，那就是：孩子们从小要学会“自己的事情自己做”。

2《雅各布的水晶球之旅》

雅各布是一个很不讲究卫生的小男孩，他很喜欢乱丢垃圾，就连班级值日他也是马马虎虎的乱扫一气，随便把扫好的垃圾堆在笤帚下面，所以班级里的同学都不喜欢和他一起值日。

这一天是雅各布的生日，妈妈送给他一个漂亮的水晶球，里面有山有水，云雾缭绕，森林茂盛，还有一座很美丽的小村庄。雅各布对这个水晶球爱不释手，一整天都捧着它，慢慢的，小雅各布玩累了，抱着水晶球进入梦乡……

雅各布梦见自己进到水晶球的世界里面，天空上的云彩好像棉花糖一样，五颜六色的。到处都是翠绿的树木，山坡上有好多小动物在嬉戏玩耍。小雅各布看到路边有好多可爱的垃圾桶，走一段路就会出现一个。走着走着，小雅各布觉得肚子饿了，他发现前面不远有一处农田，走近一瞧，这农田里种的是各种各样的糖果，彩虹糖、棒棒糖，还有好多他叫不出名字的糖果。小雅各布实在是太饿了，他摘下一颗糖果，撕开糖纸，随手丢在地上，狼吞虎咽地吃了起来。

这些糖果真是美味极了，地上的糖纸也越堆越多。正在小雅各布吃得意犹未尽的时候，突然有“叽哩哇啦”的声音从远处传过来，小雅各布一瞧，有一个好象笤帚的东西正往这边跑来，吓得他撒腿就跑。笤帚人很快就抓住雅各布，把他拎到半空，它好象很生气，嘴里“叽哩哇啦”说着雅各布听不懂的话。雅各布挣扎着，喊道：“放我下来！放我下来！”

笤帚人突然把雅各布大头朝下，雅各布觉得自己的头发好象变成笤帚头一样，就被笤帚人提着走到刚才那片糖果农田，那里到处都是雅各布刚刚扔掉的糖纸。笤帚人生气地把雅各布当笤帚去扫那些糖纸，在把所有的糖纸扫成一堆后，笤帚人吹了声口哨，一个可爱的小垃圾桶朝这边跳了过来，它从背后伸出好像吸管一样的东西，把地上的糖纸全部都吸干净了。

笤帚人把雅各布放了下来，雅各布摸摸自己的头发，硬邦邦的，真的好象笤帚头一样。雅各布低着头哭丧着脸。笤帚人又“叽哩哇啦”地说着什么，意思好像是要雅各布跟他一起走。雅各布没办法只好和笤帚人一起回到村庄。

这是一座非常干净的村庄，道路一尘不染，村庄中间是一座水晶喷泉，道路两旁种着各种树木和鲜花。虽然这座村庄干净的不必打扫了，但是道路上还是有一些会动的笤帚在“唰

唰”地扫着。

笤帚人领雅各布来到一座糖果店里，原来这是笤帚人的糖果店。它提来一桶水，扔给雅各布一块抹布，示意让他擦窗户。雅各布没办法只好照做。

雅各布边擦边四下打量，四周都是笤帚人，他心想怎么样才可以从这里逃走，突然一个人的身影从他眼前闪过。他仔细一瞧，是一个小男孩，只不过那个小孩看起来像半个笤帚人，除了身体和腿，其他部分更像笤帚。那个小孩仿佛也注意到了雅各布。

雅各布偷偷地跑到那个小男孩身边，他盯着小男孩的笤帚脸，道：“这是什么地方？”

“这是笤帚人的村庄！你一定是乱丢垃圾才会被他们抓来的吧！”小男孩说道。

“只是乱丢了垃圾，他就把我变成这样，你看我的头发！”雅各布激动地扯着自己的笤帚头。

“我也是因为乱丢垃圾，所以才变成现在这副样子。你看那边，那些正在扫地的笤帚，他们都是不讲究卫生的小孩子变的！”小男孩指了指那边。

雅各布被吓坏了，这时笤帚人怒气冲冲地走了过来，显然它不想小男孩和雅各布说话。

雅各布慌了神，他拔腿就跑。边跑边喊着：“我不要变成笤帚！我不要变成笤帚！”

“雅各布，起床了，上学要迟到了哦。”妈妈的声音叫醒了雅各布。他一下子从床上跳了起来。看了看周围，原来是个梦啊……

从此，雅各布变得爱讲卫生了，也不会再乱丢垃圾了，班级的值日他都会很用心的打扫，同学们都变得喜欢和他一起值日了。因为跟雅各布一起值日的教室最干净！

3《小兔和乌龟》

小兔是长跑健将，乌龟是游泳能手，但是，他俩上学经常迟到，这是为什么呢?是他俩睡懒觉吗?不是，他们每天起床都很早。是他们的家离学校很远吗?也不是，从家里出来，站在高坡上，一眼能望到学校。他们俩的家跟学校隔着一条河，附近没有桥，到很远的上游才有一座独木桥。每天，小兔要跑很远的路，跑到小河上游，从桥上过河，又跑很远的路，跑到学校。小兔虽然跑得很快，但是每天跑的路太远了，所以，他经常迟到。

每天，乌龟从家里出来，就从河里游过去。但是，他走路太慢了，从家里走到河边要花一个多小时，游过河后，从河边走到学校又要花一个多小时。所以，他也经常迟到。有一天，小兔从家里跑出来，正好碰上了乌龟。乌龟对小兔说："我们一起上学吧!"小兔答应了，跟乌龟一起往前走。乌龟慢慢吞吞地走着，小兔等得不耐烦了。小兔躬下身子，说："我跑得快，干脆，我来背你走!"

乌龟爬到小兔背上，小兔几步就跑到了河边。"你跑得真快，这段路要是我得走好长时间呢!"乌龟高兴地对小兔说，"让我们从河中游过去吧!""可是我不会游泳呀!"乌龟说："没问题，我背你游过河去!"小兔坐到了乌龟的背上，俩人很快就过了河。小兔对乌龟说："今天咱们谁也不会迟到了!"小兔又让乌龟爬到他的背上，几步就跑到学校。

从此，小兔和乌龟天天一起上学，再也没有迟到过。

4《小螃蟹找工作》

爱吐泡泡的小螃蟹长大了，他想去找一件工作干干。

他来到理发馆，挥动大螯为顾客理发。小螃蟹剪发又快又好，可是电吹风的热气烤得他很难受，嘴里的泡泡都吐不出来了。

小螃蟹到图书馆去当图书管理员，他为小朋友送上书和画报。小螃蟹有许多手，一次可以拿许多书。可是，他的大螯一不小心就把书撕破了，嘴里的泡泡又弄湿了书。

小螃蟹到饭店去做服务员，他端着菜走得又快又稳。一对大螯就像钳子，开啤酒瓶盖可方便了。啤酒瓶里冒出许多泡沫，小螃蟹的嘴里也冒着泡泡。小螃蟹想，来吃饭的小朋友看到自己一个嘴里的泡泡，还以为我偷喝了啤酒了。看来还得另外找工作。

小螃蟹走到食品店门口，他想，我会冒泡泡，别人看见一定会以为我很馋，我还是去请医生治一治，不再吐泡泡了再来吧。

医院的医生对小螃蟹说，螃蟹都会吐泡泡，这不是病。你耐心地去找，一定会找到适合自己的工作。

小螃蟹走到服装店门口，看着漂亮的衣服，担心自己的大螯会撕破衣服，还担心吐出的泡泡会弄湿了衣服。

小螃蟹沿着街道走啊走，来到卖肥皂和肥皂粉的商店，他想，"这才是适合我干的工作。"他用肥皂水吹出了一个个大泡泡。大泡泡像气球一样飘在商店门口，把大家都吸引过来了。顾客真多啊，小螃蟹心里感到非常的高兴。小螃蟹给妈妈写了一封信："妈妈，我找到了工作，每天过得都很快乐……"

十、给胎儿读文学作品

读书是为了使准妈妈心境宁静，情绪稳定，准妈妈不宜读那些低级下流、污秽、打斗、杀戮的作品，世俗人情写得过分悲惨凄凉的文学作品也不宜看。

应当看一些轻松、幽默、使人向上的作品，如《居里夫人传》、《塞外风情》、《长江三日》、《西游记》、《儒林外史》、《钢铁是怎样炼成的》以及《格林童话》等。

一些儿童文学作品，如《伊索寓言》等，在欣赏过程中会使自己仿佛回到童年时代，产生童心和童趣，无形之中培养了准妈妈的爱子之心。

《木偶奇遇记》等写得生动有趣，既幽默又富于感情色彩，不仅能化解孕期的烦乱心绪，而且有助于领悟儿童的心理特征，使自己成为一位称职的妈妈。

另外，朱自清、纪伯伦、泰戈尔等作家的散文作品优美隽永，耐人寻味，也应欣赏。除此之外，吟咏古典诗词，也能令人得到美的熏陶。

下面为孕妈妈列举几篇优美的散文诗。

1 纪伯伦散文诗选

美之歌

我是爱情的向导，是精神的美酒，是心灵的佳肴。我是一朵玫瑰，迎着晨曦，敞开心扉，于是少女把我摘下枝头，吻着我，把我戴上她的胸口。

我是幸福的家园，是欢乐的源泉，是舒适的开端。我是姑娘樱唇上的嫣然一笑，小伙子见到我，霎时把疲劳和苦恼都抛到九霄云外，而使自己的生活变成美好梦想的舞台。

我给诗人以灵感，我为画家指南，我是音乐家的教员。

我是孩子回眸的笑眼，慈爱的母亲一见，不禁顶礼膜拜，赞美上帝，感谢苍天。

我借夏娃的躯体，显现在亚当面前，并使他变得好似我的奴仆一般；我在所罗门王面前，幻化成佳丽使之倾心，从而使他成了贤哲和诗人。

我向海伦莞尔一笑，于是特洛伊成了废墟一片；我给克娄巴特拉戴上王冠，于是尼罗河谷地变得处处是欢歌笑语，生机盎然。

我是造化，人世沧桑由我安排，我是上帝，生死存亡归我主宰。

我温柔时，胜过紫罗兰的馥郁；我粗暴时，赛过狂风骤雨。

人们啊！我是真理，我是真理啊，你们要把这一点牢记在心里。

胎教提示 黎巴嫩著名诗人纪伯伦是阿拉伯近代文学史上第一个使用散文诗体的作家。他要唱出“母亲心里的歌”，作品以爱和美为主题，通过大胆的想像和象征的手法，表达深沉的感情和远大的理想。

准妈妈在语言胎教和美学胎教过程中，经常阅读纪伯伦的散文诗不仅可以体会美文中演绎的哲理问题，更可以得到美的享受，形象而鲜明地触发准妈妈的美好情绪，给胎宝宝以潜移默化的影响。

2 泰戈尔《新月集》选

孩童之道

只要孩子愿意，此刻便可高飞而去。

他所以不离开我们,并非没有缘故。

他把头倚在妈妈的胸间，即使是一刻不见她，也是不行的。

孩子知道各种各样的聪明话，虽然世间的人很少懂得这些话的意义。

他所以永不想说，并非没有缘故。

他说要做的一件事，就是要学习从妈妈嘴唇里说出来的话。这让他看来这样天真可爱。

孩子有成堆的黄金与珠宝，但他来到这个世界上，却像一个乞丐。

他所以假装这样来了,并非没有缘故。

这个可爱的小小的裸着身体的乞丐，所以假装这完全无助的样子，就是想求得妈妈的爱的财富。

孩子在纤小的新月的世界里，是一切束缚都没有的。

他所以放弃了自由，并非没有缘故。

他知道有无穷的快乐藏在妈妈的心的小小一角，被妈妈亲爱的手臂所拥抱，其甜美远胜过自由。

孩子永不知道如何哭泣。他所住的是完全的乐土。

他所以要流泪，并非没有缘故。

虽然他用可爱的脸蛋儿上的微笑，引逗得妈妈热切的心向着他，然而他因为细故而发的小小哭声，却编成了怜与爱双重约束的带子。

不被注意的花饰

啊，谁给那件小外衫染上颜色的，我的孩子，谁使你的温软的肢体穿上那件红的小外衫的？

你在早晨就跑出来到天井里玩儿，你，跑着就像摇摇欲跌似的。

但是谁给那件小外衫染上颜色的，我的孩子？

什么事叫你大笑起来的，我的小小的命芽儿？

妈妈站在门边，微笑地望着你。

她拍着她的双手，她的手镯丁当地响着，你手里拿着你的竹竿儿在跳舞，活像一个小小的牧童。

但是什么事叫你大笑起来的，我的小小的命芽儿？

喔，乞丐，你双手攀搂住妈妈的头颈，要乞讨些什么？

喔，贪得无厌的心，要我把整个世界从天上摘下来，像摘一个果子似的，把它放在你的一双小小的玫瑰色的手掌上么？

喔，乞丐，你要乞讨些什么？

风高兴地带走了你踝铃的丁当。

太阳微笑着，望着你的打扮。

当你睡在你妈妈的臂弯里时，天空在上面望着你，而早晨蹑手蹑脚地走到你的床跟前，吻着你的双眼。

风高兴地带走了你踝铃的丁当。

仙乡里的梦婆飞过朦胧的天空，向你飞来。

在你妈妈的心头上，那世界母亲，正和你坐在一块儿。

他，向星星奏乐的人，正拿着他的横笛，站在你的窗边。

仙乡里的梦婆飞过朦胧的天空，向你飞来。

胎教提示 诗人是“人类的儿童”。因为他们都是天真的、善良的。在现代的许多诗人中，泰戈尔更是一个“孩子的天使”。他的散文诗正天真烂漫，如天使的脸；看着他的诗，就感知和平、感知安慰，并且知道真爱。

泰戈尔的诗作美而且纯净，诗作中蕴涵着高超的理想主义和文学的庄严与美丽，特别适合准妈妈在孕中晚期对胎宝宝进行语言胎教和美育胎教阅读，其中浓烈的美感可以培养美好的情绪，启发胎宝宝的智力。

PART 12

斯瑟蒂克真经：

与胎儿共享自然、社会知识

胎教无定法：

生活中处处可以进行胎教

斯瑟蒂克真经：与胎儿共享自然、社会知识

分享生活中的任何事情

除了给胎儿读幼儿画册和讲故事外，还应该与胎儿分享家庭中的日常琐事，诸如爸爸为什么刮胡子，妈妈为什么化妆，肥皂为什么起泡沫，吹风机为什么能把头发吹干，喝热汤和热咖啡时舌头和嘴唇的感觉，洗澡做饭时感到的水温及锅烫手的感觉等。不要以为这些小事没有必要与宝宝交流，其实，在分享过程中，宝宝会感受到你的耐心和平和。

斯瑟蒂克夫人总会把从早上醒来到晚上睡觉做了些什么，想了些什么，有什么感想，说了些什么话，统统用自己的语言讲给胎儿听，甚至这个月的水、电用多了，或者邻居家的狗生了四只小狗等这类事，也成了她胎教的内容。

斯瑟蒂克夫人认为对胎儿来说，一切都是陌生的，绝不能把给孩子讲解一件件的事情看做是负担而懒得去做。况且这也是一种常识课，可以让胎儿预先掌握生活中的智慧和一般常识，以便胎儿出生后对日常生活中的事物更加感兴趣，同时这也是母子共同体验生活的一个方法。

出行以扩大胎儿的学习范围

作为常识的一个方面，向胎儿讲述超出生活范围之外的事物也是非常有必要的，为此，斯瑟蒂克夫妇制定了一个外出散步的日程计划。周末两天，以及周一至周五的下午，斯瑟蒂克夫妇都会外出散步，主要是为了给胎儿传授自然科学知识。有时他们会一起去植物园和动物园，有时会带上

饭盒去野营，有时会去看湖中的野鸭和天鹅，有时会在沙滩上享受日光浴，这对他们来说是十分愉快的时光。

散步不仅有利于孕妇的身体健康，也可以为进行胎教的母亲提供了解社会的场所，散步中能教的内容也是多种多样的。例如，人们生活的情况、居住的环境、维持社会的机关和设备、不同季节里自然界的变化、动植物的生态情况等。

只要身体和气候条件许可，斯瑟蒂克夫人都会尽量外出，为自己创造接触各种事物的机会，为扩大学习范围，她每次都会稍微改变一下散步的路线。这样眼前出现的事也不会一成不变，从接触的人物、装饰、橱窗的商品、花的颜色、变幻的天空等事物中，她总能发现一些新鲜和感兴趣的东西。另外，这一个个事物不同于幻想或书本内容，斯瑟蒂克夫妇均是能用五官来感受的生动的教材。

在讲这些内容给胎儿听时，应将你用五官捕捉到的事物，再依靠你的语言和感觉传递给胎儿。

例如，遇到池塘和河边钓鱼的人，你就可以给胎儿讲钓鱼的方法、鱼的形状以及鱼是怎样游动的。要想讲述鱼儿上钩时你的高兴劲儿以及鱼活蹦乱跳的样子，最好是亲自动手摸一摸那还在蹦跳的鱼。斯瑟蒂克夫妇的四个孩子都非常喜欢鱼和其他动物，一点儿都不害怕它们，这跟孕期经常一起去钓鱼有着直接的原因。

再如，在动物园看到狮子时，你就把它那威严的、慢腾腾地走路的样子用语言描绘出来。如果是雄狮，就把它那些直立的毛发、两米多长的身躯、震撼人心的吼声等特征都讲给胎儿听。如果有关于狮子的画册和照片的话，回家以后再进行补充说明，或者将故事展开。

比如，野生的狮子是在什么环境中生活的，是怎样寻找食物的，母狮子是怎样养育小狮子的等。还可以给胎儿读有狮子出场的童话，若能亲自尝试一下制作以此为题材的幼儿画册，也是十分有趣的。

另外，看棒球、篮球、游泳、体操、网球等体育比赛时，你可以一边观看，一边给胎儿讲解跑、跳、投、游泳是什么样的运动。

不放过小细节

为了将更多的知识输入胎儿的大脑，在散步中，斯瑟蒂克夫人对任何细小平凡的事情都不放过，全部如实地描绘出来讲给胎儿听："看，今天的天气多好！金色的太阳闪着光芒，蔚蓝色的天空飘着白云，这样的天气叫晴朗的秋天。看，那里白色的大波斯菊竞相开放，这种花草是属于菊科，是一年生植物，这花多可爱啊！瞧，那边一位老大娘牵着一条狗走过来了，是一条长毛狮子狗，有着成卷的白毛，腰和膝盖周围的卷毛被剪短了，所以看上去好像穿了件时髦的服装，这种狗的故乡是法国。"等。

即使在散步过程中碰到不大清楚的事物，斯瑟蒂克夫人也会把它们的颜色、形状、气味、感觉、声音如实地讲给胎儿听。比如，她不知道飞过麦田上空的鸟是什么鸟时，她就告诉胎儿它羽毛的颜色、啾鸣的声音、身体的大小以及飞翔的姿态。

漫不经心地观察事物是不可取的，只有你对看到的东西有感触并充分理解其内容，才能将信息传递给胎儿，让胎儿也看得见。可以说无论是每天下午散步还是假日外出，你看到的事物越新奇越令人感动，胎儿获取的知识就会越多。

虽然这样做很麻烦，但对胎教是非常重要的。可以这样说，母亲有没有探索心和求知欲，这对胎儿的大脑发育有着极大的影响。如果母亲对事物无动于衷，缺乏求知欲，那么，孩子也将遇事麻木不仁，不求上进。

相反，母亲如果有向胎儿传授知识的欲望，则会使眼前的一切顿然生辉，街上奔驰的汽车、自行车，路上的行人；动物、虫、鸟的行态；表现季节的花草树木；云彩的形状；风雨的声音；橱窗、柜台上摆放的商品；

耸立的高楼大厦；工厂里有节奏的机器声；公园里嬉戏的身影……这一切事物都会随着你观察角度的变化而成为你感兴趣和关心的对象。

一出门散步就会发现自己不知道的事物是那么多，而解决这一问题，最好的方法就是常去图书馆，为此，斯瑟蒂克夫人总是把图书馆作为散步的目的地之一。

另外，向专业人士请教也是一个不错的方法。有关花草的事情可以问花店店员；有关鱼类的知识到水族馆去就能听到说明；对汽车的结构不了解的话，可以到附近的汽车修理厂去打听，花费半天时间申请参观一下汽车工厂也是一件快事等。一旦对某件事情感兴趣了，不擅长的事也会变得很有趣。

胎教无定法：生活中处处可以进行胎教

一、日记胎教

❶ 胎教日记的意义

日记是爸爸妈妈如何期盼孩子，如何爱孩子的具体表达。

准妈妈可以把在280天中的所见、所感都写在日记里。20年后，孩子生日的时候把它当作礼物送给孩子，可以说这是世上最特别的礼物。

❷ 胎教日记的写法

1.写上有意义的标题

在日记扉页上写上有意义的标题如："写给思念的机灵鬼"，"写给亲爱的孩子"，"十月怀胎幸福日记"等，要怀着成为图书编纂者的心情在日记本的扉页题上标题。和那些价格昂贵的日记本相比，拥有美好题目的日记本更有意义

2.用相片装饰日记本

用超声波图片或妈妈怀孕时的腹部相片来装饰日记本，带有超声波图片和妈妈腹部模样的相片，会增添看日记时的趣味。用偏振照相机拍摄下喜剧性的瞬间，也可以拍下爸爸把手放在妈妈腹部上的相片，用它来装饰日记本。

3.给爸爸留出空间

日记本一定要给爸爸留出空间，可以一周一次或一日一次让爸爸写日记。他一边写日记一边就能感受到即将成为爸爸的幸福。如果爸爸不好意思写日记，可以用"爸爸的话"方式，由妈妈代笔写。

二、瑜伽胎教

为了准妈妈和胎宝宝的健康，准妈妈需要经常做一些柔和的运动，而瑜伽则是一种非常合适的运动方式，并且现在还有专门为准妈妈量身打造的孕期瑜伽，因此，准妈妈可以了解一些关于瑜伽的知识，这对准妈妈的身心健康很有帮助。

❶ 练习瑜伽的注意事项

（1）如果准妈妈在孕前没有至少半年以上的瑜伽锻炼，在练习孕期瑜伽时，一定要咨询医生和专业的瑜伽教练

后根据自己的身体情况，决定运动时间长短。练习的过程中只需以自己的舒适度为准，不必强求自己一定要跟着标准动作做。准妈妈做一些不是特别费劲的呼吸或冥想法会比较安全。

（2）练习瑜伽前要选择一个宽敞安静的地方，如家里的大床或客厅都是不错的选择，着装要宽松舒适。练习瑜伽前半小时内不要进食或洗澡，这些可以留到练完后再进行。

（3）做瑜伽前需做一些热身运动，可以盘坐下来，挺直腰背，双肩放松，下巴微收，吸气，慢慢呼气，同时头部轻轻转向右侧，然后吸气，头部还原，反侧重复，直到完全放松。

2 孕期瑜伽体式

孕期瑜伽体式有很多种，准妈妈可以咨询专业的瑜伽教练，学习一些瑜伽体式。为了方便准妈妈练习，下面我们为准妈妈介绍几种瑜伽体式。

1.冥想式

做法 双脚交叉盘坐,脊柱挺直收腹,双手手掌向下放在双膝上，肩、肘放松，微微自然闭眼，排除大脑中杂念，调整正常的呼吸。

益处 放松身心的冥想式打坐，有助于髋关节的伸展，增强柔韧性，对于未来分娩有益。适合整个孕期。

2.蝶式

做法

①慢慢地坐在床上或垫子上，两膝曲起，两脚脚心相对，双手抓住曲脚尽量向内拉。

②上下轻轻抖动双膝，像蝴蝶轻轻拍打翅膀一样。

益处 能伸展准妈妈的骨盆，缓解腰痛，利于自然分娩；预防尿道方面的疾病，增加下背部、腹部和骨盆的血液流量；预防静脉曲张。

3.蹲式

做法

①挺身直立，双脚分开，双臂自然下垂，双手在腹前十指相扣。

②双膝微曲，一边呼气一边慢慢蹲，直到大腿与地面平行。

③尽自己所能继续慢慢下蹲，保持双腿的肌肉绷紧；然后慢慢伸直身体，吸气回到站立姿势，每天做5～6组。

益处 加强腰背、双膝、两大腿及子宫肌的力量，还能延缓衰老，整个孕期都可以练习。

4.山式

做法

①双脚并拢站立，伸展所有脚趾；

②膝盖绷直，向后用力；

③脊柱向上伸展，放下肩膀；

④颈部挺直，目视前方；

⑤向上尽量双臂、双手互扣，拉开身体。

⑥保持1～2分钟。

益处 找到脚趾脚跟和身体中心线的平衡点，使身体受力均匀，改善姿态增强活力，更可调整脊柱的不适，使臀部上提，胸部开阔，双肩放松，是很好的改善疲劳的姿势，孕期保持练习，产后腰部、脚跟的不适会大大缓解。

5.束角式

做法

①坐姿，双腿弯曲，双脚脚心相对，靠近大腿根；

②膝盖下沉，挺直脊柱，双眼注视前方或内视鼻尖，保持稳定呼吸；

③呼气身体向前弯曲，尽量放低身体靠近地面，保持30～60秒吸气；

④还原身体，放松双腿。

⑤重复2～3遍。

益处 供给骨盆、腹部、背部足够的新鲜血液，使肾脏、膀胱保持健康，促进卵巢功能正常，怀孕时每天做几次，可以减少分娩时的痛苦，还能够避免静脉曲张。

6.阿帕那式

做法

①仰卧，将膝盖并拢，双脚分开，弯曲至胸前。

②双手分别放在两膝上，整个练习中双手都要放在这个位置。

③吸气时伸直手肘，缓慢推动膝部与身体分离。

④呼气时双膝收回至胸部。

⑤重复10～20次。

练习时臀部要一直与地面接触。准妈妈还可以非常安全地练习双腿分开的姿势，减轻背部疼痛，另外这个简单而重要的瑜伽姿势可以帮助恢复身体的协调，做起来也非常舒适。

益处 这是一种有助于排除体内毒素的准妈妈瑜伽姿势，可以帮助清除肺部的二氧化碳，促进消化和吸收，起到按摩腹部器官的作用。

7.婴儿式

从孕中期开始，应该有意识地锻炼骨盆部位和髋部，为分娩做好准备。

做法

①仰卧，双膝屈于胸前。

②双膝保持弯曲，向上举起双脚，小腿与地面垂直。

③双手握住两脚外侧边缘，两腿膝盖靠近腋窝，尾椎骨贴紧地面。

④保持这个姿势，以感觉舒适为限度，然后双脚放回地面，双膝弯曲。

⑤双膝屈于胸前，吸气。

⑥呼气，双膝置于身体右侧并贴地。注意不要向上抬脚。

⑦吸气，双膝回复起始姿势。

⑧呼气，双膝置于身体左侧并贴地。

⑨吸气，回复起始姿势。

⑩身体每侧动作各重复5次。

第⑤步以后的动作可以减轻练习时髋部所产生的紧张感。

益处 这套婴儿式可以帮助准妈妈伸展髋部和骨盆部位。

提示 妊娠30周以后的准妈妈不能练习婴儿式的姿势。

8.直角式

适合初级练习者，孕早期、孕中期、孕晚期皆可练习。

做法

①事先在手边准备一两个枕头，坐在地面上双腿伸直，髋部一侧靠墙；

②身体向后侧靠，手肘支撑身体的力量，双腿向墙面旋转，最后身体平躺与墙面成直角；

③双脚靠墙向上伸直，移动臀部并尽可能靠近墙面；

④屈膝，双脚压在墙面上，抬起臀部，在下面塞两个枕头，枕头和臀部都要靠墙；

⑤双腿向上伸直，手臂在身体两侧伸直，闭上眼睛放松。

益处 这个姿势特别能放松身体，极力推荐。它可以使内部器官和胎儿在重力压迫的状态中得到放松，减轻静脉曲张的症状，使身体恢复活力。

提示 一般来说，孕妇不宜练习倒立。但是这个姿势只需把腿竖起来，因此不会对孕妇构成危险。

9.新月式

适合中级练习者，孕早期、孕中期、孕晚期皆可练习。

做法

①双膝跪立，吸气，呼气时右腿向前伸直；

②再吸气向前举起手臂，然后把手举过头顶；如果有高血压，只需双手合掌放在胸前；

③呼气时，弯曲右膝成弓步，左臀放低，身体向上舒展，伸直手肘，但是肩部要放松。如果你没有颈椎疾病，可以轻柔地把头抬起，眼睛仰视双手；如果你的背部比较灵活，身体可以轻微地向后靠。

益处 可以舒展臀部，增强脊柱的灵活性，也可以舒展胸部，刺激肾脏和肾上腺。

提示 如果有颈椎疾病，练习时不要低头。如果有高血压，手不要举过头顶。

三、清静胎教

清静胎教的方法就是冥想。上文提到，在咨询过医生和资深专家的前提下，准妈妈可以练习孕期瑜伽。瑜伽中有一个重要的体式就是冥想，上文也有所介绍。在一定程度上，冥想甚至是一种境界，如果准妈妈能时常静下心来冥想，这将有助于准妈妈保持好心情。

1 冥想可以平和心境

在冥想的过程中，准妈妈的压力和紧张感可以得到释放，恐惧、焦虑、忧郁等不良情绪也会慢慢消散，还能帮助准妈妈开发潜在的心灵智慧，提高专注力和洞察力，让准妈妈的心灵变得纯净，并产生新的活力，从而身心变得平和。

2 进行冥想的方法

准妈妈可以想象自己正置身于美景之中，脚下是柔柔的沙滩，天很蓝，阳光很温暖，准妈妈能听见海浪拍打沙滩的声音，听着海鸥的叫声，呼吸着空气中咸湿气味，准妈妈正沿着海滩漫步，轻抚腹部时，想象着胎宝宝是不是也听见了海浪的声音。

3 想象是冥想的灵魂

想象构成了整个冥想的过程，想象时最重要的一点是要发挥感官的作用，准妈妈要置身其中去感受，让自己放松。准妈妈不一定就要想象自己在海边，可以想象在森林里、草原上、瀑布前都可以，准妈妈还可以想象胎宝宝的样子，只要这种想象能唤起准妈妈视觉、触觉、听觉和嗅觉的共鸣就可以。

4 冥想时注意事项

（1）准妈妈冥想时尽量穿宽松的衣服，这样有利于身心放松。

（2）不要使用香水，否则会分散准妈妈的注意力。

（3）如果意识游离不定，不要在意，也不要强迫自己，让它存在，它最终会自然消失。

四、英语胎教

英语学习开始得越早，效果就越好。21世纪，我们的孩子将生活在国际化的时代，为了他们，我们要学习英语。

学习英语不要心急，每天只要花上30分钟到1小时，胎儿的大脑就会得到显著的开发。不用购买专门的英语教材，学习日常生活英语即可。

妊娠中英语胎教，并不是要孩子学习英语。刺激胎儿的头脑所需的学习量就足够了。例如，慢慢读简短的英语童话或者唱简单的英语歌曲。

1 宜于在家中进行

去英语补习班固然很好，但这样的

话身体容易疲劳。可以选择适于在家中学习的方法，可以听英语童谣，也可以制作英语单词卡，自己做记忆测试；早晚用英语和家人打招呼也是一种好方法。为了将来孩子能流利地说英语，妈妈在期待孩子诞生的同时要努力做英语胎教。

2 熟悉英语

要丈夫也用英语跟孩子打招呼“My baby，Are you fine?”一边做家务，一边念叨英语“apple意思是苹果，宝宝知道了吗?”还可以借具有明快浪漫氛围的录像带来看，以此来熟悉英语。英语胎教不是很难也不复杂，在日常生活中就能进行。

3 利用英语生词卡

做英语胎教时一定要看英语生词卡，通过用文字和图画表现事物名称的卡片背单词，同时也告诉孩子。“宝宝，‘朋友’这个词英语叫做friend，宝宝，跟妈妈一块读好不好?”像这样把每张卡片上的生词大声地清晰地读出来，同时告诉孩子单词的意义和拼写。

4 选用有趣的教材

“宝宝，和妈妈一起看英语录像带好不好?”用影像制品做英语胎教会更有效果。影像带有五颜六色的色彩、活动的人物、朗朗动听的配音、英语字幕等，是绝好的英语胎教教材。胎儿既可以有听觉的感触又有视觉的感触。可以每天给胎儿放活动的，带有色彩和效果配音的英语影像1小时。还可以购买一按就能出声音的趣味性英语教材，放给孩子听，这也不失为一种英语胎教的好方法。

5 利用所有可用之物

做英语胎教时最好利用身边的可用之物，例如，英语词典、英语录像带、英语对话书、英语歌曲、英语童话书等都可以利用。要尽可能多地把经过严格挑选的英语教材展示给胎儿。妈妈上学时学过的英语教科书、电视上的英语节目、周围建筑物上的英语广告牌等都可以作为胎教教材。

五、千字文胎教

通俗易懂的文字是千字文胎教的基础，成人都难理解的千字文，胎儿肯定不能理解。妈妈可以一字字地慢慢读，同时告诉胎儿其中的意思，给胎儿讲述其中的故事。要把千字文当作一篇童话讲给胎儿听。

千字文是梁朝时期的周兴嗣创造

的。因为有250句四言古诗，一共1000字，故名《千字文》。

千字文胎教要从与千字文相关的故事开始。读千字文时，会不断地遇到深奥的包含着做人道理的词语，随着妈妈的语汇组织能力和理解能力的提高，而孩子的这两种能力也从这时开始萌发。

1 熟悉文字

千字文胎教并不晦涩，对妈妈来说，一笔一画学习汉字的写法和发音以及其意义的过程，也可以成为一件愉快的事情。可以看着汉字生字词卡问胎儿"今天学习什么字呢，要不要你来选?"给胎儿创造一个想象的机会。如果汉字生词卡上配有图画，学习起来就会更生动。

2 诠释古代成语

给孩子解释古代成语。"宝宝，仁者乐山是什么意思呢?就是说善良仁慈的人喜欢山，我们的宝宝长大后也要做个善良仁慈的人，好不好?"千字文中古代成语多由四个汉字组成，它包含着世间真理。教给孩子每个字的意义和发音固然重要，但让孩子认识世间道理和世间风貌却有更重大的意义。

3 给孩子起名

选择意义美好的汉字给孩子起名。"宝宝，今天妈妈给你起名了，第一字呢是清醒的清；第二个字呢是光辉的辉。这个名字包含了妈妈的希望，希望你长大后能头脑清醒，成为一个光辉闪烁的人。"如果试着这样讲，那么学习汉字就不再只是单纯的记忆，而已经成为与孩子直接相关的事情了，妈妈学习也将变得非常愉快。在起名字的同时还可以制定家规。想到要跟胎儿一块制定家规，妈妈就应该努力学习汉字。边查汉字词典边制定家规，并随时写下来给孩子说明其中的意义。

PART 13

斯瑟蒂克真经：

用“闪光卡片”做胎教

施教方法：

各种卡片的制作和运用

斯瑟蒂克真经：用“闪光卡片”做胎教

制作“闪光卡片”的方法

从妊娠第5个月开始，斯瑟蒂克夫人开始使用“闪光卡片”作为胎教教材，斯瑟蒂克夫妇在妊娠初期，就根据5个月以后的课程进度把这些卡片做出来了。不过，要是考虑到孕期中所需要的身心保养，如果能在妊娠前就把教材准备好，那就是最好不过的了。

在利用闪光卡片向苏珊实施胎教，传授鲜明的“语言之画”时，效果明显，作用很大。

5个月以后，胎动已出现。作为胎教对象的宝宝不仅能被妈妈感知，而且还能与妈妈互动，这种直接胎教的方法就显得能够很有效。

“闪光卡片”就是用彩色笔在白纸上写上语言、文字、数字的卡片。在制卡片时，还要考虑它们相互间的色彩搭配，要用鲜艳的色彩勾画，并用黑色勾边，使卡片的外边具有醒目和有利于区别的作用，所以这是件艰巨而重要的任务。

因此，最好是能在备孕期或是妊娠初期，逐步把卡片一张张都写出来，提前准备好。之所以要把英文字母和数字描绘得鲜艳醒目，就是为了在进行胎教的过程中，强化母亲的意念和集中注意力，并促使母亲获得明确的视觉感受。

用“闪光卡片”教学的要领

在使用字母卡片以及后来使用算术卡片对苏珊进行胎教时，斯瑟蒂克夫人还专门准备了一个小房间作为胎教地点，在那个小房间里，地毯、壁纸、床、首饰箱全都以自然本色为基调，给人以柔和的印象。而周围安定的自然色调，使苏珊更能牢记那些鲜艳的文字。

利用“闪光卡片”进行胎教的方法是：一边正确发音，一边用手指临摹字形，并将注意力集中在字的色彩上以加深印象。最初，对怎样清楚而有效地向胎儿表现文字的形状和单词的意思，斯瑟蒂克夫人也曾感到过困惑。不过想想也没有必要解释得像语言辞典里写的那么准确，如果母亲特有的语言变得如同官样文章，那么胎儿反而不容易接受，所以只要用平时胎儿听惯了的语言来解释就好了。

为了使母亲的感觉和思考的内容与胎儿吻合，最重要的是要保持平静的心情和集中注意力，在开始学习前，斯瑟蒂克夫人总是把呼吸调整得深沉而平静，然后把要教的内容在头脑中描绘出来。

用“闪光卡片”教胎儿英文

学习英文字母的数量也是每天2～5个，大写教完了，再教小写。到了该教胎儿英文字母的时间，斯瑟蒂克夫人就双手捧着腆起的肚子说：“来，我的好孩子，现在开始学习，好好听着，今天教A、B、C、D、E五个字母。”

在教“A”时，斯瑟蒂克夫人一边联想着一顶尖尖的帽子，一边从上往下努力勾画它的形象，然后选择一个以A开头的单词进行学习。例如“Apron”，斯瑟蒂克夫人就讲：“围裙就是妈妈做饭时围的布，今天妈妈用的是一条带有大花的围裙。除此以外，还有各种各样的围裙，到你能吃饭会做饭的时候，妈妈也给你缝一条漂亮的围裙。”在反复正确地发音、练习字母时，像这样选择容易形象化和好发音的单词是非常必要的。通过这样的学习，孩子自然就把“A”这个字母记住了。

斯瑟蒂克夫人在教英文字母“F”时，首先说“这个黄字是F”，接着想象在一片平静的水面上醒目地映出黄色的F字形，然后用意念把它像沉入水底一样牵引到腹中来，斯瑟蒂克夫人把它深深地看在眼里，并用手指一边临摹它的笔划，一边告诉苏珊F是什么形状：“画一竖杠，右边生出一长一短两只手，还记得前边教过你的E吗？形状就像E下面缺一横一样。”

然后斯瑟蒂克夫人会重复几遍F的正确发音，再读几个以F开头的单词，比如：Flower（花）、Fun（喜悦）、Fair（公平的）、Full（充满）、Favorite（喜欢的东西）等，并且一边解释这些单词的意思，一边逐个一笔一划地写在白纸上，来让苏珊记住它。也就是说，苏珊能通过斯瑟蒂克夫人的眼睛和大脑，来识别文字和数字并把记住它们。

用联想法教胎儿算术

到了妊娠后期，斯瑟蒂克夫人吃完午饭后总爱睡1个小时的午觉，否则下午就没有充足的精力去做家务事和进行胎教了，而且更重要的是这时胎儿也需要睡午觉。睡醒之后洗个脸，精神会为之一振，于是便可以开始下午的学习了。为了使胎儿与自己合拍，斯瑟蒂克夫人总是会先给她一个信号，然后说：“我的好孩子，现在开始教数字和算术了，让我们一起来学习吧。”

教数字一天也不应超过5个，在教数字时，斯瑟蒂克夫人会集中注意力凝视其形状和颜色，让其在头脑中留下鲜明的印象。但仅仅如此还是不够的，比如“1”这个数字，即使视觉化了，对于胎儿来说，也是一个极为枯燥的形象。为了让胎儿学习起来更有兴趣，还需要加上由“1”联想

起来的各种事物。

可以以“竖起来的铅笔”“一根电线杆”“食指”“英文字母I”的形状做联想游戏。另外，斯瑟蒂克夫人会用身旁的具体的“物”来表示“1”的意思，如一个香蕉、一只狗、一个盘子等。

在教“2”这个数字时，斯瑟蒂克夫人会想象起“浮在水面上的天鹅的倩影”和“发条的一端加上一根横棍儿”的样子，应该尽可能的从身旁的材料中找出适当的例子来。当然同时也不要忘记清楚地发好“1”“2”的读音。

在教“8”的时候，斯瑟蒂克夫人会告诉胎儿“8”的形状看上去像两个圆粘在一起，上面的圆比下面的圆要稍微小一点，然后用手指临摹几次。再从1数到8，一边扳着手指出声地数1、2、3、4……一边在准备好的彩色万能墨水笔（一种可以在水下或不易书写的材料上使用的快干墨水笔）在图画纸上用很大的字来进行含有8的加减法运算，像8-1=7，8-2=6，8-3=5，4+4=8，5+3=8，6+2=8等。进行各个数字的组合，而且每个数字都用不同颜色来写，记住一张图画纸只写一个算式。

把写好的几张图画纸，排列起来就构成了一幅丰富多彩的图案。“是否把左侧的4用绿色，右侧的4用蓝色？”就这样，在欣赏颜色的组合中，时间很快就过去了。

按照这种方法，斯瑟蒂克夫人会每天教5个数字，忙的时候就只教2~3个，教到50以后，再回到0，这回把乘除运算写在图画纸上，到了50以后，不同颜色的“算式设计图”就可以装上满满一个纸箱子了。

斯瑟蒂克夫人强调说：到此并没有结束，在这之后还需要画50张图形的素描，所以一个纸箱是不够的。这些数字卡片、算术卡片、图形卡片以及早晨学习用的字母卡片，都可以用来做孩子出生后幼儿期的教材，所以必须好好保存起来。

此外，还可以将实物与“闪光卡片”对照起来运用。例如，在一个苹果的旁边再放一个苹果，就变成两个苹果，用算式表示就得出“1+1=2”这个式子，再通过你的视觉将其印在脑子里，同时出声地对胎儿讲：“这里有一个苹果，我再从筐里拿一个摆在这里，现在变成几个了？”

你要把注意力集中在眼前的苹果和算式上，要和胎儿一起思考，代替胎儿回答“两个”并传递给胎儿，不要拘泥于“记住数字以后，再教算术”的常规方法。在记忆方面，第一步是“囫囵吞枣”。你想想，现在的孩子不都是在记住文字之前就会讲话了吗？

可以选一些你喜欢吃的东西作为算式的实物，像小饼干、话梅、奶糖等，也可以是一些好玩的，像乒乓球、纸折的小飞机等。

就这样通过深刻的视觉印象，将卡片上描绘的数字、图形的形状和颜色，伴随着你的声音一起传递给胎儿。胎教成功的诀窍就是将三维要素，即具体的、有立体感的形象而不是平面的形象导入胎教中去。

可以说，在所有方面都是这样，你本身必须对这样的学习感兴趣，如果你觉得枯燥，或是感到自己在英语和算术方面不行，那么，这种心情就会直接影响到胎儿。这样一来，你即使按课程进度进行，也会事倍功半，收效甚微。为了避免导致这样的结果，你最好尽量多在教材上下功夫。

培养胎儿对图形的认知力

除了用“闪光卡片”教胎儿日文、英文、数字外，斯瑟蒂克夫人还会用“闪光卡片”培养胎儿对图形的认知能力。斯瑟蒂克夫人说：学习图形和学习数字一样，也是以闪光卡片上描绘的图形为基础，将其视觉化后传递给胎儿。不论教什么，重点的是将生活与学习内容紧密地联系在一起，也就是说胎儿出生后，用周围的东西进行实物教学是最有效的。

例如，学习正方形时，你可以说：“这个图形是由四条直线围起来的，并且四个角都是直角。”讲法是对的，但是这种从平面几何的角度进行的解释是很难引起胎儿兴趣的，所以就要找出你身边呈正方形的实物来

进行讲解。

“和卡片上的图形一样的东西在哪儿呀？”我先提出问题，然后和胎儿一起寻找，“有了，坐垫，桌子。”这时可以把一个个实物拿在手里，一边讲“这是正方形”，一边用手描这个图形的轮廓，通过这种“三度学习法”进行胎教。

学完正方形、长方形、正三角形、圆形、半圆形、扇形、梯形、菱形等平面图形以后，再告诉胎儿什么是立方体、长方体、球体等。在学习这类图形时，最系统的教具就是积木了，我常常会把积木和日常生活用品联系在一起穿插着教。

例如，怀表，你可以在脑海中把它与圆形积木重叠在一起进行胎教。斯瑟蒂克夫人就曾讲过，苏珊出生后不久就显示出对图形的理解，讲到怀表，她会从许多积木中找出图形来。在她两个月的时候，就能辨别出糖盒同长方体积木具有相同的形状。

施教方法：各种卡片的制作和运用

一、用闪光卡片教文字

准妈妈可利用“闪光卡片”引导胎宝宝学习汉字、英文字母、数字等等。准妈妈通过深刻的视觉印象将卡片上描述的图象，形状与颜色传递给胎宝宝。除此之外，观看一些美好、有趣的景观与图片，传达给腹中的宝宝。

1 卡片的制作

纸片以白色为宜，尺寸约42厘米见方，然后用鲜艳的彩笔写上汉字，用黑色笔画卡片的外边，这样可以让写上去的汉字显得更清晰，能让准妈妈在胎教过程中强化意念和集中注意力，并促进准妈妈获得明确的视觉感。

2 怎样利用卡片教胎儿

如教“大”这个汉字时，要一边反复地发好这个音，一边用手指写它的笔画。这时最重要的是能通过视觉将“大”的形状和颜色深深地印在脑海里。因为这样一来你发出“大”这一汉字信息，就会以最佳状态传递给胎儿，从而有利于胎儿用脑去理解并记住它。在教胎儿学习的时候，准妈妈要有真挚的感情和足够的耐心，切忌急躁、敷衍了事。

3 教胎儿学汉字的方法

在利用“闪光卡片”教胎儿学汉字时，可以一边在脑海中描绘汉字的形象，一边对胎儿说一些认字的歌谣和字谜，加深汉字在脑海中的印象，让胎儿也能学得更快。

1.歌谣认字法

（1）一人大，二人天，天字出头就是夫，夫字两点夹夹牢，夹子站好来来来。认：一，人，大，天，夫，夹，来

（2）一二三，加一竖，就是王，王上一点叫做主，泡在水里变成注。认：一，二，三，王，主，注

（3）小孩子，戴帽子，头上一点写大字，小孩子，戴帽子，头上三点上学去。认：子，字，学

（4）横竖勾,是个丁，藏个口字就可以，小可大可做哥哥。认:丁,口,可,哥

（5）一横一竖是个十，歪了脑袋变成千，张开大口吐舌头。认:十,千,舌

（6）一口口，两口吕，三口品品好味道。认:口,吕,品

（7）中：一个口字有点扁，一根利箭中间穿。利箭一下射中靶，箭法真是不简单。

（8）禾：一撇写在木字头，变成禾苗栽地头。禾苗长得肥又壮，田野一片绿油油。

（9）目：口字里面有两横，好像双目小瞳仁。看书上网做作业，注意保护大眼睛。

（10）尺：一横一竖再一横，一撇一捺像个人。皮尺用来量衣裤，穿在身上正合身。

（11）寸：寸比十字多一勾，寸比十字多一点。寸是尺的小搭挡，喜欢一起量衣衫。

（12）元：二儿子，很有钱。捐学校，百万元。

（13）角：野牛角巴真有用，角当武器与狼斗。人民币上他老二，元在前来分在后。

（14）分：八刀切下来，西瓜被分开。分给娃娃吃，娃娃吃了乖。

（15）斤：一撇和一撇，拿来称一称。加上横和竖，一共有几斤？

（16）两：一横一框未关门，里面两个小小人。两个小人很齐心，头上顶着一根棍。

（17）犬：大字头上点一点，成了一只小黄犬。城市养犬不卫生，乱把人咬不安全。

（18）毛：像三不是三，竖弯钩右弯。动物都有毛，御寒过冬天。

（19）皮：尾巴拖在地，脑袋伸出去。老狼又来了，披着山羊皮。

（20）爪：三个小脚丫，就是一个爪。老鹰有爪子，爱把小鸡抓。

（21）子：头弯起，脚勾起，一根扁担来挑起。挑麦子，不歇气，真是一个好孩子。

（22）尾：一撇像条松鼠尾，尾巴长长挨着嘴。动物尾巴来回扫，扫断苍蝇小腿腿。

（23）向：脑袋扬，身子胖，中间小嘴轻轻张。你姓啥？我姓向，朵朵葵花向太阳。

（24）白：是谁把头扬？是个大太阳。太阳出来了，白天亮堂堂。

（25）夜：一点一横一个人，一点钻进一反文。夏天夜晚满天星，夜色美丽多迷人。

（26）父：八字腿交叉，父亲是爸爸。父亲很辛苦，我要孝敬他。

（27）母：母亲身大右腿站，双胞胎在肚里面。母亲为家勤操劳，洗衣买菜又煮饭。

（28）儿：左边是一撇，右边竖弯钩。儿子要坚强，不让泪水流。

（29）娃：女儿站在左边数，右边上下两块土。女儿数完变娃娃，娃娃从小爱读书。

（30）婆：滴下三点水，掉在皮肤旁。女儿抬头看，婆婆在楼上。

（31）孙：一个孩子有点小，他和爷爷很要好。爷爷叫他乖孙孙，婆婆喜欢把他抱。

（32）会：一人胆子壮，骑在云朵上。要到哪里去？人民大会堂。

（33）国：方框是边疆，宝玉里面装。我是中国人，中国要富强。

（34）爱：小爪抓着秃宝盖，朋友爱到下边来。爱党爱国爱人民，我最爱吃家乡菜。

（35）共：上边二十一，下边七加一。一共有多少？我来考考你。

（36）产：一个六娃子，站在厂房顶。生产大汽车，驶出中华门。

（37）京：一点一横长，嘴巴在中央。小孩到北京，北京真漂亮。

（38）红：丝和绸，是谁造？是工人，我知道。工人叔叔红脸庞，戴朵红花眯眯笑。

（39）旦：一轮红日东方起，红日刚刚出平地。一月一日是元旦，一年又从今日始。

（40）我：一撇再提手，我要跟党走。当兵把戈拿，边防线上守。

（41）和：左是禾，右是口，我和你是好朋友。和和气气来玩耍，好像蝌蚪和蝌蚪。

（42）同：一扇门里有个啥？只有一张小嘴巴。门和嘴巴在一起，同学同志亲一家。

（43）心：一点竖弯钩，两点跟在后。走路要小心，莫要摔跟斗。

（44）们：右边是扇门，门外有群人。我去看一看，他们在练琴。

（45）做：有个人，是古人，会作诗，会作文。他还喜欢做好事，做了好事不留名。

（46）边：力字往左走，很想去旅游。走之来拉他，边走边回头。

（47）你：人和尔，在一起，不是我，而是你。早上请你来喊我，我们一道上学去。

（48）把：用手拿火把，用手拿扫把。火把和扫把，都有一个把。

（49）得：两人在身旁，有个小太阳。一寸小姑娘，比赛得了奖。

（50）灯：是谁点火把？老师好园丁。天黑看不见，点灯送学生。

（51）明：左边一个太阳，右边一个月亮。太阳遇见月亮，天地更加明亮。

（52）过：寸字过山岗，害怕大灰狼。躲进走之里，过山心不慌。

（53）不：一下面，是小爪。不乱抓，乖娃娃。

（54）在：一根小扁担，一人挑在肩。那人在哪里？站在土地边。

（55）汽：三点水滴，变成水汽。汽水悠悠，升上天去。

（56）川：一条小河向左弯，一条小河在中间，一条小河长又直，三条小河名叫川。

（57）有：一横一撇头上架，架下是个月娃娃。月亮做事错了吗？有错就改乖娃娃。

（58）座：一点一个厂，两人坐土上。老人来上车，我把座位让。

（59）从：两人一样高，并肩上学校。他俩多友好，从不打和闹。

（60）丛：两人肩并肩，站在地平线。地上草丛深，丛中花儿艳。

（61）众：两个小人，抬个大人。万众一心，打败敌人。

（62）话：张嘴说话全靠他，他是舌头顶呱呱。说话句句说清楚，注意不要说脏话。

（63）了：了呀了，没站好。勾起脚，弯起腰。我们不要学习他，学他那就糟糕了。

（64）的：一锅白菜汤，汤勺拿来舀。汤是谁做的？妈妈的功劳。

（65）用：我来画个大山洞，山洞暂时没有用。我来编个竹篱笆，两横一竖洞口封。

（66）完：宝盖头，像帽子，给谁戴？二儿子。戴上帽子去看戏，看完戏就回家去。

（67）黄：二十一块田，八月金灿灿。稻谷黄又黄，丰收喜讯传。

（68）到：天上乌云一吹跑，土地右边一把刀。秋天一到田野黄，拿起镰刀收水稻。

（69）成：好像万人上战场，戈像大刀佩身上。消灭敌人立功劳，成了英雄把名扬。

（70）鹅：我鸟是白鹅，白鹅爱唱歌。白毛浮绿水，红掌拨清波。

（71）这：文字站在走之里，这是一个什么字？我知道，我知道，这个字儿记心里。

（72）那：那把小刀子，刀口两处缺。可以割青草，耳朵割不得。

（73）只：张开嘴巴没有牙。分开双腿好像八。一只母鸡咯咯叫，八只小鸡叽叽喳。

（74）几：儿字头顶一连起，改个名字叫做几。妈妈孩儿有几个？只有我这独生子。

（75）也：他字没有人，驰字没有

马。认字问老师，也问爸和妈。

（76）太：大字写好了，一点放在下。写得太好啦。妈妈把我夸。

（77）阳：左边耳朵晒太阳，太阳晒得暖洋洋。阳光雨露禾苗壮，万物生长靠太阳。

（78）叉：上面一横下面×，今天怎么又来了？又到村中变成树，又有一点变树叉。

（79）是：太阳当空照，地面像火烤。下边有一人，是走还是跑？

（80）什：左边有群人，一共有十人。他们干什么？请你问一问。

（81）么：么是一个好小子，经常跟什在一起，跟什一起干什么？助人为乐做好事。

（82）个：一个人，人一个。他是谁？就是我。

（83）变：一点一横在上边，两竖两点在中间。又字一来马上变，好像川剧在变脸。

（84）弯：一点一横在上边，两竖两点在中间。拉起弓箭不弯腰，弯腰哪能射得远。

（85）贝：大门打开，一人出来。那人很小，宝贝乖乖。

（86）见：一扇大门来打开，只见一人走出来。那人右脚往上勾，看见我就迎上来。

（87）玉：王字右下加一点，变成宝玉银光闪。玉石加工成玉镯，旅游商品赚大钱。

（88）友：一个架子下，你看又来了。来了是朋友，好好招待他。

（89）早：太阳起得早，早上空气好。十个小朋友，下边做早操。

（90）公：一个老公公，八呀八十岁。盘起一条腿，给他捶捶背。

（91）叶：树叶小嘴来呼吸，好像呼吸有十次。绿叶是个魔术师，吸进废气吐氧气。

（92）叫：百灵张开嘴，叫声多优美。叫了有几声？好像是4声。

（93）好：女儿和儿子，天天在一起。好得没法说，人人伸拇指。

（94）起：离家走出去，摔倒在泥地。要想爬起来，只能靠自己。

（95）时：一轮红日冉冉升，寸金难买寸光阴。时间过了不再来，每天时间要抓紧。

（96）间：打开大门望一望，一轮红日在中央。一间屋子一扇门，数数你家几间房？

（97）要：女儿头顶大西瓜，杂技练得顶呱呱。练好杂技出国门，要把大奖拿回家。

（98）他：我们在找他，你也在找他。人也在一起，一定就是他。

（99）丸：九字腰上给一点，变成一颗小药丸。生病要去看医生，吞下药丸病跑远。

（100）打：一个提手一个丁，不能动辄就打人。可以打的有哪些？皮球苍蝇和坏人。

2.谜语识字法

（1）月：有时挂在天边，有时落在树梢，有时像个圆盘，有时像把镰刀。

（2）日：东边升，西边落。看时圆，写时方。

（3）影：红日高高挂，照在北京城，投下三撇儿，那是它的影。

（4）熊：一只能干的小黑熊，迈着四条短腿，向我走来与我玩。

（5）帘：以前是挂在洞口的大毛巾，现在是挂在窗上叫窗帘，挂在门口叫门帘。

（6）羔：上面是一只没尾巴的小羊，下面是个大盘子，小羊怕羞，用碟子盖在尾巴下面。

（8）并：开心长两角。

（10）坐、座、做：两人站土上，坐车擦土忙，座位请加“广“，做事就用单人旁。

（11）班：“班”中的两个“王”字表示一块玉，“班”字原来的意思是用“刀”分玉。

（12）藏：草在厂上头，左边两斧头，臣字在里头，斜勾一撇一点头。

（13）挺、真、很、最：一个人玩，挺快乐；两个人玩，真快乐；三个人玩，很快乐；许多人玩，最快乐。

（14）戍、戌、戊、戎、戒：戍点戌横戊中空，十字横样即是戎，双十成了戒，每字都有戈，上下各不同。

（15）代、带、戴：替人办事叫做“代”，随手拿着叫做“带”，东西放在胸以上，用上“戴”字不会错。

（16）抱、跑、炮、饱、雹、刨：抱物用手，赛跑用脚，点炮用火，吃饱有食，冰雹有雨，刨子有刀。

（17）裹：一件衣裳中间破，漏出一个大苹果，

（18）碧：王大姐，白大妈，坐在石头上学文化。

（20）靠：告字头，非字底，学习知识靠自己。

（21）青、请、清、情、晴、蜻、倩：虫青蜻，是蜻蜓，蜻蜓有双倩眼睛，倩眼睛爱天晴，天晴请人叙真情，真情如溪水清清。

（22）解：记解字，角刀牛。

（23）赞：二先（仙）肩并肩，站在贝峰头。

（24）森：树木真有用，大家都来种，二木就成林，三木变成森。

（25）衷、衰：顺（竖）者衷，逆

（横）者衰。

（26）人、入：一“人”抬头走，还得低头“入”；人的撇长似抬头，入得撇短似低头。

（27）乌、鸟：“乌”鸦是“鸟”，黑得不见眼。

（28）六：两只蚂蚁抬根棍，一只蚂蚁棍上困。

（29）界：城里住着十万人，八万人去打仗，二万人守城门。

（30）蒜：二小二小，头上长草。

（31）鲁：山东出怪事，海天换了位，鱼儿飘天空，太阳落水中。

（33）飘：西边的两个小东西被风刮飘了。

（34）呆：一个人张着大嘴巴（口），像木头一样一动不动，原来他在发呆呀。

（35）哭：上面两个小口是哭肿的眼，一点就是泪，下面的大像人咧开嘴时的一道道皱纹。

（36）失：以为夫人，左边嘴角上长出了一条胡须，她当然失望了。

（37）怕：由于心里害怕，脸都吓白了。

（38）葬：人死了，用草席盖上，放在床板上。

（39）休：一个人累了，靠在树上休息。

（40）德：双人十四一心，德字永记我心。

（41）辨、辩、瓣、辫：中间有点仔细辨，中间有言来分辩，中间有瓜长花瓣，中间丝线扎成辫。

二、用闪光卡片教英文

准妈妈除了可以用闪光卡片教中文外，还能用同样的方法，教胎儿英文。学习英文前，应先教胎儿26个英文字母，下面我们以B为例讲解一下准妈妈教英文字母的过程。

1 制作卡片

准备写有英文字母B的闪光卡片，大写和小写的各写一张，要用鲜艳的颜色勾画字母，一般以红色和黄色比较好，然后用黑色描边。

2 正确发音，想象字母形象

一边正确发出字母的音，一边用手指描B的写法，并将注意力集中在字母的色彩上，以加深印象。准妈妈可以想象字母B像兄弟葫芦娃或者是一根棍子靠在耳边。

3 讲一个关于字母B的单词

讲一个含有字母B的单词。比如Banana，准妈妈可以讲：香蕉是一种水果，成熟了后是黄色的，闻起来很香，吃起来很甜，大家都爱吃。准妈妈可以在脑海中想象香蕉的形象，当然也可以说别的含有字母B的单词，也加以形象化，让胎宝宝印象更深刻。

4 教英文的素材

下面为准妈妈提供一些教英文时会用到的素材。

1.英文字母顺口溜

A：A像小人中间立，
　　宝塔尖尖顶破天。

B：B像兄弟葫芦娃，
　　一根棍儿靠耳边。

C：C像鱼钩弯又弯，
　　一笔下来画半圈。

D：D像半张香香饼，
　　一刀切下剩半边。

E：E像山川横着走，
　　竖折在左横在后。

F：F像一面小红旗，
　　先竖后折有秩序。

G：G像鱼儿咬上钩，
　　C上添个小尾巴。

H：H像把登天梯，
　　左竖右竖中间连。

I：I像线轴把布织，
　　从上至下有顺序。

J：J像伞把儿雨中立，
　　一竖弯到左边去。

K：K像椅子坐上去，
　　墙上板儿飞双镖。

L：L像笔灯下照儿，
　　竖折一笔最容易。

M：M像骆驼背双峰，
　　两笔写完不用多。

N：N像门儿屋上建，
　　前竖头连后竖尾。

O：O像鸭蛋圆又圆，
　　从左至右画一圈。

P：P像气球空中飘，
　　直线上面绑圆圈。

Q：Q像蝌蚪水中游，
　　鸡蛋上面长个把儿。

R：R像小孩捉迷藏，
　　一竖半圈加一点儿。

S：S像一条小蚯蚓，
　　从右起笔拐两弯。

T：T像锤子咚咚敲，
　　先竖后折立的稳。

U：U像杯子盛满水，
　　小嘴一张便是它。

V：V像花瓶插满花，

倒看小门就是它。

W：W像锯利无比，

M是它好姐妹。

X：X像义字少一点，

它和错号一个样。

Y：Y像弹弓射猎物，

一根棍儿分两杈。

Z：Z像弹簧弹得高，

把N放倒就是它。

2.26个英文字母英文歌

A B C D E F G

H I J K L M N

O P Q

R S T

U V W

X Y Z

X Y Z

Now you see

I can say my A B C

3.英文儿歌《Edelweiss》

Edelweiss, Edelweiss

Every morning you greet me

Small and white, clean and bright

You look happy to meet me

Blossom of snow may you bloom and grow

Bloom and grow forever

Edelweiss, Edelweiss

Bless my homeland forever

Small and white, clean and bright

You look happy to meet me

Blossom of snow may you bloom and grow

中文歌词：

雪绒花

雪绒花，雪绒花

每日清晨我遇见你

又小又白，又干净又晶莹

你看起来看见我很高兴

含苞待放的雪骨朵，也学你会开花生长

开花生长到永远

雪绒花，雪绒花

祝愿我的祖国春常在

又小又白，又干净又晶莹

你看起来看见我很高兴

含苞待放的雪骨朵，也学你会开花生长

4.一些常用的简单的英语单词

颜色（colour）：

red（红色） blue（蓝色）yellow（黄色）pink（绿色） black（黑色）white（白色）

动物（animal）：

cat（猫） dog（狗） panda（熊猫）rabbit（兔子） duck（鸭子） pig （猪）bird（鸟）

食物（food）：

rice（米饭）meat（肉）fish（鱼）cake（蛋糕）bread（面包）milk（牛奶）water（水） tea cheese egg 鸡蛋 sweets potato tomato

水果（fruit）：

apple（苹果） banana（香蕉）pear（梨）peach（桃）orange（橙子） grape（葡萄） Haw （山楂）Pomegranate（石榴）Watermelon （西瓜）

人体（body）：

head（头） face（脸） hair（头发）eye（眼睛） nose（鼻子） mouth（嘴）ear（耳朵） hand（手）

数字（number）：

one（一） two（二） three（三）four（四）five（五） six（六） seven（七）eight（八） nine（九） ten（十）

家庭成员：

dad（爸爸）mum（妈妈）brother（哥哥/弟弟） sister（姐姐/妹妹）friend（朋友）uncle （叔父，伯父，舅父，姑父）aunt （婶母，伯母，舅母，姑母）

天气：

warm（温暖）snow（雪） rain（雨）sunny（晴天） cool（凉爽） fog（雾）

三、用闪光卡片教数字

通过深刻的视觉印象将卡片上的数字、图形的形状和颜色，以及准妈妈的声音一起传递给胎儿。使胎教成功的诀窍是要以立体的形象传递给胎儿。

数字一天不超过5个，在教数字时，集中注意力凝视其形状及颜色，让其在头脑中留下鲜明的印象。但仅仅如此还是不够的，比如“1”这个数字，即使视觉化了，对于胎儿来说，也是一个极为枯燥的形象。为了学习起来饶有兴趣，窍门在于加上由“1”联想起来的各种事物。

这可以以“竖起来的铅笔”、“一根电线杆”、“食指”、“英文字母I”的形状做联想游戏。另外，你可以用身旁的具体的“物”来表示“1”的意思，如一个、一只猫、一个盘子。

在教“8”的时候，告诉胎儿“8”的形状看上去像两个圆粘在一起，上面的圆比下面的圆要稍微小一点，然后用手指临摹几次。再从1数到8，一边扳着手指出声地数1、2、3、4。

下面以教2为例介绍一下用闪光卡片教数字的方法。

❶ 制作数字卡片

准备写有数字2的闪光卡片，要用鲜艳的颜色勾画数字，一般以红色和黄色为宜，然后用黑色描边。

❷ 将数字印在头脑中

将写有数字的闪光卡片拿到面前，准妈妈要将注意力都集中在数字的形状和颜色上，让这个数字在准妈妈的脑海中留下鲜明的印象。

❸ 想象和数字2样子很像的事物

单学数字2是很枯燥的，且给胎儿留下的印象也不会很深刻，所以准妈妈可以讲一些和2很像的事物，比如你可以想象“浮在水面上的鸭子的倩影”和“发条的一端加上一根横棍儿”的样子，尽可能从身旁的材料中找出适当的例子来。当然，这时不要忘记清楚地发好“2”的读音。由2联想到的事物，都是生活中可以见到的东西，胎儿会非常熟悉。在想象时，准妈妈还可以拿实物，或画有实物的图片比照着讲给胎儿听，这样更形象生动。

❹ 生动地教算术

教胎宝宝认识数字后可以接着教胎宝宝算术，同样的可以用到闪光卡片。准妈妈可以拿出写有算式的闪光卡片，然后将实物与联想结合起来，把注意力集中在眼前的道具和算式上，和胎宝宝一起思考，并将思考传递给胎宝宝。例如，在一个苹果的旁边再放一个苹果，就变成两个苹果，想象算式“1＋1＝2”，再通过视觉将其印在脑子里，同时对胎宝宝说：“这里有一个苹果，妈妈再拿一个苹果放在一起，就变成两个苹果了。”

此还，还可以把数字变得更生动，以数字6为例，准妈妈可以先拿出一张写有数字6的闪光卡片，然后想象6的形状，像个小口哨，然后联想与6有关的数字，进行各个数字的组合，比如进行加减法运算：3+3=6，4+2=6，5+1=6，6-1=5，6-2=4，6-3=3等，还可以将每个数字都想象成不同的颜色，假想脑海中有一张图画纸，一支可以变换颜色的笔，然后假想自己正在把这些算式写在纸上，这样下来，很快就能将运算方式理解得更透彻。

5 教数字的素材

与数字0～10很像的事物：

0像鸡蛋圆溜溜，
1像扁担长又直，
2像鸭子水中游，
3像耳朵两道弯，
4像小旗风中飘，
5像钩子挂半空，
6像口哨吹一吹，
7像镰刀割青草，
8像葫芦掐掐腰，
9像勺子能吃饭，
10像油条傍大饼。

四、用闪光卡片教图形

除了可以用闪光卡片教文字、英文、数学外，准妈妈还可以用闪光卡片教胎儿认识图形。下面我们就以长方形为例讲解准妈妈教胎儿认识图形的过程。

1 制作图形卡片

先用鲜艳的颜色在闪光卡片上描出一个长方形，并且边描边告诉胎儿这是长方形。

2 将图形形象化

然后跟胎儿讲一些长方形的物体，比如说电脑桌是长方形的，书本是长方形的，穿衣镜是长方形的等等。

3 想象与图形有关的物体

和胎宝宝一起在房间里寻找长方形的物体，比如看到柜子、电视，就告诉胎儿这是长方形，并在脑海中想象一下它的形象。

教完长方形，准妈妈还可以用同样的方法教胎儿认识正方形、三角形、圆形、半圆形、扇形、梯形、菱形等平面图形。当然以后还能教胎儿认识立体图形，如正方体、长方体、球体等等。

4 教图形时的素材

在教胎儿图形时，可以以下列物体作为教学的素材：

生活中是三角形的物体：三角尺、三角架、红领巾、铁三角、金字塔、自行车车架。

生活中是正方形的物体：魔方的一个面、电视机屏幕、方形地砖的表面、室内开关的表面、方桌的表面、方凳的表面、正方形小盒子、正方形的闹钟、正方形的烟灰缸、正方形的显示器、手帕、积木。

生活中是长方形的物体：书、砖、铅笔盒、报纸、黑板、电脑主机。

生活中是圆形的物体：车轮、盘子、太阳、飞盘、荷叶、车轮、易拉罐、窨井盖、蒙古包、圆形镜子、各种球、杯口。

生活中是梯形的物体：梯子、大堤、水坝、跳马、金条。

生活中是菱形的物体：挂衣服的架子、门的花纹、栅栏的铁花造型、风筝。

生活中是正方体的物体：魔方、骰子、正方体的橡皮、正方体的盒子。

生活中是长方体的物体：纸箱子、木箱子、书、火柴盒、烟盒、电冰箱、装东西的纸箱、手机、楼房、电脑主机。

生活中是圆柱体的物体：钢管、竖笛、茶叶罐、硬币、薯片盒子。

生活中是棱柱的物体：广告牌、道路导示牌。

生活中是球体的物体：乒乓球、篮球、排球等球类、元宵、鸡蛋、芝麻球、毛绒玩具的脑袋。

PART 14

斯瑟蒂克真经：

一种可以增强注意力的呼吸法

胎教须知：

分娩也是一种胎教

斯瑟蒂克真经：一种可增强注意力的呼吸法

稳定情绪、集中注意力

进行胎教的基本方法之一，是将事物视觉化后再传递给胎儿，它最大的障碍就是准妈妈怀有杂乱、不安、恍惚的心情。要使准妈妈的心情保持平静，除了排除周围环境中的干扰外，最重要的莫过于自我情绪的调整。

为此，斯瑟蒂克夫人自己在胎教过程中摸索出了一套有利于集中注意力的呼吸法，这种呼吸法要在胎教训练开始之前进行，它对稳定情绪和集中注意力都是行之有效的。

斯瑟蒂克夫人会在胎教前、每天早上起床时、中午休息前、晚上临睡时各进行一次这样的呼吸法。这样，妊娠期间动辄焦躁的精神状态，就可以得到改善。

实施呼吸法的时候，尽量不去想其他的事情，要把注意力集中在吸气和呼气上，一旦习惯了，注意力就自然集中了。

呼吸法要正确实施

实施这种呼吸法时，场所可以任意选择。可以在床上，也可以在沙发上，坐在地板上也可以。这时要尽量使腰背舒展，全身放松，微闭双眼，手可以放在身体两侧，也可以放在腹部，只要没有不适感就行，衣服尽可能穿宽松些。准备好以后，用鼻子慢慢地吸气，以5秒钟作为标准，在心里一边数“1、2、3、4、5……”，一边吸气。肺活量大的人可以数6秒钟，感到困难的，可以数4秒钟。吸气时，要让自己感到气体被储存在腹

中，然后慢慢地一点点将气呼出来，从嘴或鼻子呼出来都可以。总之，要缓慢、平静地呼出来。

呼气的时间是吸气的两倍。也就是说，如果吸气是5秒钟的话，呼气就是10秒钟；吸气是6秒钟的话，呼气就是12秒钟。就这样，反复呼吸1~3分钟，你就会感到心情平静、头脑清醒。

在利用闪光卡片进行胎教之前，也需要进行这样的呼吸，对于增强注意力，顺利地按课程进度进行胎教有很大帮助。

另外，如果你掌握了这一呼吸法，那么在分娩时也会轻松得多。据说，以拉马兹分娩法为代表的各种无痛分娩法，都是让腹肌较弱、不会腹式呼吸的孕妇掌握这种呼吸法。斯瑟蒂克夫人就是在阵痛开始的同时进行腹式呼吸的，因而4次都能轻松地渡过分娩关。

大多数医生都承认，长时间的难产以及剖宫产，对胎儿都是不利的。所以，为了自己，也为了胎儿，掌握这一呼吸法是有益无害的。

胎教须知：分娩也是一种胎教

一、分娩对胎教的意义

十月怀胎，一朝分娩。经过260天的孕育，腹内胎儿跃跃欲试，就要与急不可待的父母见面了。这是一件多么令人喜悦、令人振奋的事情啊！

在最后的这段时期，产前父母容易急躁、焦虑。这里提醒准妈妈、准爸爸，要务必有始有终地扮演好自己的胎教角色。这是因为胎教舞台上的最后一幕——分娩尚未拉开序幕。这一幕的时间虽然很短，然而却至关重要。

虽然你们在以前的日子里曾做过令人满意的努力，使胎儿在听声音、感受刺激、激发情绪、触摸以及思维能力方面有了最初的积累，但是在这最后的时刻，如果疏忽不慎，那么你们精心培育了10个月的胎教成果就有可能付之东流。

二、临产时的胎教课程

临近分娩时，宝宝的胎头已经进入母体盆腔，活动减少，睡眠增多，因此，这个阶段的胎教应当以准妈妈保持良好的情绪、维持环境为主，不宜再实施过多、过重的接触式胎教。

❶ 怡情养性

由于临近生产，准妈妈难免心理上紧张，情绪抑郁，这种状况对胎儿很不利。这个月的胎教重点，就是要尽量调整好自己的心态，培养良好情绪。把美好的情绪传导给胎儿。怡情养性的胎教，就是要准妈妈通过欣赏音乐、阅读诗歌、鉴赏艺术作品、在自然美景中放松心情、呼吸新鲜空气来怡养性情，达到对胎儿产生良性影响的效果。

分娩的确是胎教的最后一课，更是最重要的一课。面临分娩，要充满信心，相信自己。

❷ 适度的语言、音乐

临产前，不必过多地采用刺激性较强的胎教方法，像光照胎教、运动胎教、游戏胎教等，最好是准妈妈经常听一些平时喜爱的音乐，尤其是表现自然景色、天籁之声，还有虫鸣、鸟啼、溪流、海浪一类比较舒缓、平稳、节奏变化不强的乐曲，都有安抚准妈妈精神状

态、松弛紧张情绪的作用。语言胎教以母亲喃喃自语和轻声吟咏、诵读、哼唱为主，还可以温习一些古典诗词、儿歌、童话，为未来对孩子实施早期教育和智能开发作好准备。

三、顺产是最好的胎教

若经产前检查确定准妈妈关于分娩的各方面条件都不错，那么，准妈妈最好是顺产。因为这是一条正确的分娩途径，对胎宝宝脱离你的庇护，走上独立的生活是十分有益的。

首先，分娩时强烈的子宫收缩造成的压力为胎儿在子宫外世界的生活做好准备。胎儿在子宫内是由脐带输送氧气的，他的肺并没有担任呼吸任务，他的肺里还有一些吸入的少量羊水。在产道分娩中，由于子宫的压力，使胎儿体内分泌出大量激素和一些化合物，促使胎儿肺内液体的吸收，并使胎儿的肺部更容易充气膨胀，为出生后立即启用胎儿的肺部呼吸创造了十分有利的条件，而且据报道，上述有关激素的分泌，还将使胎儿出生后保持一种安静、机灵的精神状态。这些都是剖宫产婴儿所不具备的。

其次，分娩过程中子宫收缩及母亲的产力造成的推力，与母体产道的阻力相对抗，可将胎儿鼻腔及口腔中的黏液挤出，防止呼吸时吸入肺部。同时，在产道分娩时，胎儿头部受压。对其呼吸中枢有一种刺激作用，有助于出生后的呼吸和啼哭，而这些经历都是剖宫产的婴儿所没有的经历。

胎儿顺利通过产道，就是对胎教的总结。

四、剖宫产对胎儿不利

剖宫产原本是一种解决难产和解救胎儿的手段，现在却作为正常生产方式备受青睐，除了医院牟利因素外，与产妇自身的认识误区也有关。如果没有指征，专家建议自然产。从胎教的角度也应该选择自然产。

1 消除分娩认识误区

抛开医院的因素外，一些产妇和家属应该正确认识分娩，消除某些片面观点产生的误区。比如，怕痛而拒绝试产、顾虑试产失败后再开刀“受两次罪”，是完全没有必要的，而疼痛也是完全可以克服的。另外，有些准妈妈害怕产后阴道变松弛，影响性生活，这种顾虑是多余的，以后完全可以恢复，况且与健康相比，孰重孰轻显而易见。而认为剖宫产的孩子聪明，则是错误。

2 剖宫产对婴儿的影响

直接影响 由于胎儿在出生时没有经过产道挤压，胎儿气道内的黏液未受挤压排出，肺部没有经过锻炼，肺功能可能不健全，出生后不易适应外界环境的骤变，易发生新生儿窒息、呼吸窘迫综合征，甚至导致出生后湿肺、新生儿肺炎等疾病。

远期影响 剖宫产儿不像阴道产儿在限定时间内能顺势通过产道各个平面，并连续完成衔接、下降、俯屈、内旋转、仰伸等动作。胎儿娩出产道的各个动作即为“感觉统合”。也就是说，阴道分娩的过程中在神经体液调节下，胎儿受到宫缩、产道适度的物理张力改变，身体、胸腹、胎头有节奏地被挤压，这种刺激信息被外周神经传递到中枢神经系统，形成有效的组合和反馈处理，使胎儿能以最佳的姿势、最小的径线、最小的阻力顺应产轴曲线而下，最终娩出。而剖宫产却属于一种干预性分娩，绝没有胎儿的主动参与，完全是被动地在短时间内被迅速娩出。

正因为剖宫产儿未曾适应这些必要的刺激、考验，有的就表现为本体感和本位感差。任何原因使感觉刺激信息不能在中枢神经系统进行有效率的组合，导致整个身体不能和谐有效地运作就称为“感觉统合失调”。“感觉统合失调”中，前庭信息处理不良占一大部分，因此推论部分剖宫产儿日后有可能存在定位差，注意力不易集中，多动及阅读、画线、打球有困难等远期影响。

五、轻松分娩的动作练习

1 腹式呼吸的练习

腹式呼吸是阵痛或分娩时的必做项目。盘腿坐可以有效地松弛骨盆底部肌肉。盘腿而坐，拉伸背部肌肉，双手放在下腹部。边呼气边放松双肩，然后用鼻子吸气，当腹部胀满后再用嘴慢慢呼气。反复练习2～3次。练习时注意力要集中在呼气上，时间尽量长一些。双手分别放在两膝上，上身前倾，边呼气边轻轻向下按压双膝；然后直起上身，边吸气边慢慢恢复两膝至原来的位置。如此反复练习3次。

2 骨盆的练习

骨盆练习可有效预防准妈妈腰痛，还可以对分娩时所涉及的肌肉进行锻炼。身体呈爬姿，手脚与腰同宽；边呼气边绷紧腹部，前倾骨盆，勾起后背。吸气后，边呼气边慢慢放松腹部，然后一边回复到原来的姿势一边向上抬头。

3 提腹运动

提腹运动可以收紧臀部肌肉和骨盆底部肌肉，有助于分娩。身体呈仰卧姿势，弯曲双膝，与腰同宽；双手伸直，掌心朝下，放在身体两侧。边呼气边挺起腰部。之后保持此姿势，边吸气边默数5下，然后再边呼气边慢慢放下腰部。如此反复练习3次。

4 放松腿部

放松腿部这种运动有利于腿部血液循环，可以预防准妈妈发生腿部肿胀、双腿发沉及静脉曲张。身体呈仰卧姿势，收起双膝。一条腿伸直并向上高举，脚尖绷紧后放松，再绷紧，再放松，反复数次后，再弯曲膝盖，慢慢将腿放回到原来姿势。再换另一条腿。如此反复练习3次。

5 腰部扭转运动

腰部扭转这种运动可以锻炼准妈妈骨盆处的肌肉。身体呈仰卧姿势，并拢双膝，向左侧慢慢放倒，大约呈45°角；保持此姿势5秒，然后恢复成原来的姿势，再向右侧放倒。如此反复练习3次。双腿与腰同宽，用腹式呼吸进行放松。

六、如何减轻分娩疼痛

分娩的时候，肌肉做生理性收缩时，并不会产生那么剧烈的疼痛，只是如果长时间持续收缩，无法充分放松的话，就会因为缺血而引起疼痛。而这种疼痛在分娩过程中可以通过正确的方式减轻。

1 第一产程这样做

第一产程（至子宫口开10厘米为止），以轻松的姿势缓和紧张。子宫一收缩，子宫内部压力就会上升，子宫颈和子宫口随之打开。压迫子宫颈部的神经，疼痛因而产生。

此时，如果身体紧张、腹部用力的话，只会使得子宫颈附近的神经更紧张，承受压力更强大，疼痛当然有增无减。这个阶段宜用最轻松的姿势，蹲位或躺下休息，以缓解身心的紧张。

如果觉得越来越痛，越来越紧张的话，可做生产的辅助动作（腹式深呼吸、按摩、压迫等），以减轻痛苦。

2 第二产程这样做

第二产程（至胎儿出生为止）跟着子宫收缩一起用力。此时，阵痛越来越强烈，间隔缩短为2～3分钟，每次持续40～60秒。胎儿一面做回旋运动，一面降下，不久就会破水。子宫收缩使胎儿受到压迫，胎儿又被压迫到骨盆底部、外阴部和会阴等处，结果造成子宫颈和盆腔等处产生严重的局部疼痛。

随着子宫的收缩,做腹部用力的动作,不但可以缩短分娩的时间,而且还可以减轻疼痛。不防试试生产的辅助动作（用力、放松和深呼吸）。

现在也有用药物或做硬脊膜外麻醉（无痛分娩）来减轻痛苦。

七、分娩时的呼吸技巧

1 第一产程的呼吸法

分娩主要是靠呼吸来调节气力，因此，呼吸技巧掌握的好不好，直接关系到分娩是否能顺利进行。因为分娩时产程不同，因此，医生就会要求产妇不断变换呼吸法，以适应分娩的需要，一般有以下这些呼吸技巧：

1.助产呼吸：上胸式

阵痛末期阵痛程度会加剧和增长，次数亦会转频繁。每次阵痛开始和结束都用全胸式呼吸，中间部分用上胸式呼吸，以便尽量放松下腹，减轻疼痛。

①半坐卧，双膝屈曲，手放于上半胸前。

②口微微张开，用口轻吸气，然后轻吹气。

③只用肺上半部像吹熄小蜡烛，不需太用力。

2.助产呼吸：腹式

①阵痛停止时，用腹式呼吸保持放松。

②曲起双脚仰卧，手放于上腹位置。

③用鼻吸气，感觉腹部同时胀起，然后将手放松。

④口轻轻呼气，腹部同时慢慢回复原位，手轻轻按下。

2 第二产程的呼吸法

1.助产呼吸：全胸式

此时期子宫完全扩张，相当于10厘米。子宫收缩变得更加强烈，配合全胸式呼吸有助于将胎儿推出母体之外。

①半坐卧，双脚屈起，类似全胸式呼吸姿势，分开膝头用力。

②当感觉子宫收缩时，先做两次深呼吸。

③第三次吸气时，身体向前并低头，下巴贴着上胸，尽量放松面部同阴部肌肉，忍着呼吸大概10～15秒，用力向前和向下推。

2.助产呼吸：回气式

回气时迅速地再在大力吸气，大概要重覆以上动作三次。

PART 15

斯瑟蒂克真经：

出生后如何巩固胎教成果

取经必读：

扩大胎教成果的早教

斯瑟蒂克真经：出生后如何巩固胎教成果

早教是胎教的延续

斯瑟蒂克夫妇认为，接受了胎教而出生的婴儿已经作好了吸收新知识的准备。并且坚信在苏珊还未出世的时候，他们每天以充满爱的声音对她讲的一切，一定能在她头脑中的某一个地方留下印记，她在母腹中听到的、感觉到的、理解了的东西将会永不消失地影响她的一生，并且一定会引导她走上幸福的人生之路。

由于有这样一个信念，所以在苏珊出生以后，斯瑟蒂克夫人仍然坚持对她讲话，给她念幼儿画册，教她英文字母……

不论是哪个孩子，在出生后第三天，斯瑟蒂克夫人都会用手指教她数数，在喂奶时也好，抱着逗玩时也好，都会对她讲话。

起初的一个月，孩子们一天的大部分时间都是在睡眠中度过的。当她们睁开眼睛时，斯瑟蒂克夫人总是像她们还未出生时一样轻声地对她们讲话，给她们唱歌，十分珍惜这短暂的交流时间。刚出生后不久的孩子们，对斯瑟蒂克夫人那充满爱的声音和对她们的照顾，都表现出十分满足的样子。在胎儿出生后第一次教她数数时，如果你把曾用于胎教的实物，再次摆在婴儿面前，这时，婴儿在胎内学过的东西，就会逐渐反馈回来，并会做出令你吃惊的反应。

在别的母亲看来，对连眼睛还没有完全睁开的新生儿讲话也许是件很可笑的事情。但是，因为斯瑟蒂克夫人相信在她们还未出生时，自己已经对她们的素质进行了培养，因此，她对自己的做法丝毫不感到怀疑。

可能有人会说：“出生只有两三个月的婴儿是不可能听懂大人讲的话的。”可斯瑟蒂克夫人对此却要回答：请你切勿下这样的结论，因为在我对她们讲话，为她们读书时，确实常常看到她们是那么专注入神地听着，并露出愉快、安谧的表情。

事实上，四个孩子都在专心地倾听斯瑟蒂克夫人说的话，并在很小的时候就对她要教的东西做出了良好的反应。

斯瑟蒂克夫人曾讲过16年前的一件事情，小苏珊在他们的照看中出现了令人吃惊的变化。当时，苏珊出生只有两星期，一天中的大半时间都在睡眠中。然而有一天，她突然说话了，发音虽说不像大人那样清晰，但却是能让人听得出来的声音。她最初说的是“奶”。这是在她出生前斯瑟蒂克夫人常对她讲的词。在接近分娩的日子里，乳房常会胀得流出乳汁来，每次她都一边擦拭渗出的乳汁，一边用日语对她讲：“奶，这是喂你的奶，你可以出来了，一切都为你准备好了。”在她出生以后每次喂奶时，斯瑟蒂克夫人也都会对她说：“苏珊，吃奶了。”所以对苏珊来说，这可能是最令她感到亲切的词语。

除了“奶”之外，这一时期她还会说“妈妈”“干净”这几个词。每当斯瑟蒂克夫人打扫完卫生或是摆上花以后，就会对腹中的苏珊讲这个词，在她出生以后，每次斯瑟蒂克夫人给她洗澡时也会讲这个词。

一般来说，幼儿开始说话最快也要到1岁左右，而苏珊出生后两个星期就开始说话，确实令人吃惊。

其实，斯瑟蒂克夫妇的另外三个女儿，斯蒂茜（二女儿）、斯蒂芬妮（三女儿）和吉安娜（小女儿），也都是在出生后2~3个星期开始讲话的，并很快就会使用奶嘴和拿哗啷棒儿玩。斯瑟蒂克夫人总记得孩子们在出生后的一周左右，每当斯瑟蒂克夫人让她们握住哗啷棒儿并把手轻轻摇动发出声响时，她们总是会特别高兴。

胎教会带来意想不到的惊喜

婴儿时期的智力和运动能力的发展是有快有慢的，有的孩子很早就会走路、说话，有的孩子则比较晚，显然苏珊在这方面的发展速度是远远超过一般孩子的。可以想象斯瑟蒂克夫人每天是以怎样惊异、喜悦和激动的心情，看着小苏珊的成长变化。

苏珊出生后一个月，就会数彩色皮球，能一口气数到3，这是因为在苏珊出生前，斯瑟蒂克夫人常用这样的皮球教她数数。对苏珊来说，这已不是她初次接触的事物，而是在胎儿时期就已通过某种形式，储存在她的记忆和思维系统里的内容了。

第二个月以后，孩子们在晚上能断断续续地睡觉了，白天醒着的时间也延长了。虽然有家务事要做，但斯瑟蒂克夫人尽可能多与孩子们在一起玩，给她们唱些轻松愉快的歌曲，像舒伯特的《摇篮曲》，德沃夏克的《归途》等。另外，斯瑟蒂克夫人还抱着孩子伴随着优美的钢琴曲和轻快的华尔兹舞曲起舞。每当这时，一种幸福感便会油然而生。

这一时期，孩子眼睛已经看得见东西了，斯瑟蒂克夫人看孩子们好像很喜欢色彩鲜艳的木制玩具和哗啷棒儿等。于是，就把这些玩具让她们握在手里玩，果然，她们高兴地笑了。

斯瑟蒂克夫人还抱着她们观看屋里的布置、摆设和窗外的大千世界，并一一予以讲解。而这些，其实在她们还是胎儿的时候，斯瑟蒂克夫人已经对她们讲过了，所以这对她来说，是件轻而易举的事情。这一时期，斯瑟蒂克夫人还给她们看色彩鲜艳的画册，并用心地朗读，还使用五颜六色的卡片教她们学习英文字母和数字。

现在孩子们长大了，每当她们回忆起童年的时候，就对斯瑟蒂克夫人说：“不知是几岁的时候，我还记得在床上，妈妈常给我们看五颜六色的卡片和画片儿。”

斯瑟蒂克夫人说她现在还记得，那些幼儿画册是用淡雅的色彩描绘的，孩子们是那么出神地看着每一页，眼里都闪着兴奋动人的光芒，到了第五六个月，幼儿画册已成为孩子们最喜欢看的东西之一了。

孩子们第八个月就能认英文字母A、B、C、D等，第9个月会阅读这些字母……

她们就是这样自然而然地学会了许多东西。

取经必读：扩大胎教成果的早教

一、胎教与早教的衔接

胎儿在降生之前，准爸爸妈妈已给了胎儿听觉、触觉、视觉等的刺激，这给胎儿的感觉器官和大脑产生了一定的影响，能促进胎儿感觉器官的发育发展和神经元结构的形成。

1 脑细胞增殖的高峰

一般人的想法是，随着分娩过程的完成，胎教也就随之告一段落。然而，由于新生宝宝出生后的前6个月是大脑细胞增殖的另一高峰期，因此，为了继续促进宝宝的智力发育，需要在产后6个月内继续给予宝宝适宜的信息刺激，从而进一步促进神经系统的发展。所以胎教活动还要持续一段时间，直到与早期教育衔接上。

2 需要感觉刺激

由于孩子出生时大脑的大小和重量只达成人的1/3，神经细胞尚未成熟，神经纤维也没有形成完善的髓鞘，而相互间的联系几乎没有形成，所以，在出生后的初期，只有将大量的刺激传到感觉器官，再通过感觉细胞传达给大脑，才能促进神经细胞的成熟。

3 胎教的“加时课”

尽管胎儿刚出生根本不明白语言的意思，但还是要给他各种声音的刺激，如父母要多和宝宝说话、逗乐，在宝宝睡醒后给宝宝听一些轻松舒缓的音乐。除了听觉刺激外，父母还要给宝宝适宜的触觉刺激，父母和家人要多拥抱小宝宝，抚摩小宝宝的皮肤，让宝宝练习抬手、踢腿等动作。在视觉训练方面，可用鲜艳的带响声的小玩具吸引宝宝注意，让宝宝学着追视。

这些都是胎教的“加时课”，是早期教育的衔接教育。

二、新生儿的神奇能力

要想扩大胎教的成果，出生后的教育就要跟上。为了因材施教，准妈妈可以提前了解新生儿。注意两个方面：一是新生儿的日常状态，二是新生儿的神奇能力。

1 新生儿有六种状态

深睡 眼闭合，身体平静，呼吸规则。

浅睡 眼虽闭合，但面部表情丰富，有微笑、皱眉、噘嘴等，身体有少量自然活动，呼吸不规则。

瞌睡 眼可半张半闭，眼睑闪动，有不同程度的躯体运动。

安静觉醒 眼睁开，显得机敏，活动少，对视、听刺激有反应。

活动觉醒 眼睁开、活动多，不易集中注意力。

哭 传递着某种不舒适信号。当他感到饥饿、寒冷、疼痛及大小便浸馈不适时，会以哭叫表示自己的感觉。但哭叫并不一定是情绪和意识的反映。

2 新生儿的能力——看

新生儿生下来第一天就喜欢看图案，不喜欢看单一色的屏幕。他们对类似人脸图形的兴趣超过对其它复杂的图形。

要使新生儿看清物体，应将物体放在距眼20厘米左右处。如给新生儿看红球，当新生儿觉醒时，持红球距宝宝的脸约10厘米处轻轻晃动。当宝宝看到后慢慢地移动红球，宝宝的眼和头能追随红球移动的方向，头从中线位向左或向右转动，有时会稍稍抬头向上看，有的还有转动180° 看红球。给宝宝看你的脸时，你可以说话或不说活。当宝宝注视你后，慢慢移动你的头从宝宝一侧到另一侧，宝宝会不同程度地转动眼和头部，追随你的移动。

3 新生儿的能力——听

新生儿对声音有定向力。用一个装有黄豆的小塑料盒，在他看不到的耳边轻轻地摇动，发出柔和的声音，新生儿的脸显得警觉起来，头和眼会转向小盒的方向，并用眼睛寻找声源。在另一侧耳边摇动小盒，头会转向另一侧。然后父母用温柔的声音在新生儿耳边说：“小宝宝，转过来看我，来来来！”他会转过来看你，换一侧呼唤，他又转向另一侧。宝宝不爱听尖锐、过强的音响，当听到这类噪音时，头会向相反方向转动。或以哭表示拒绝这种干扰。

4 嗅觉、味觉和触觉

新生儿5天时，能区别乳母和其他母亲奶的气味。出生第一天，就表现为对浓度高的糖水有兴趣，吸吮强，吃得多。新生儿触觉是很敏感的。有的宝宝哭闹时，只要用手放在他们的腹部或同时限制他们的双臂就可使他们安静下来。

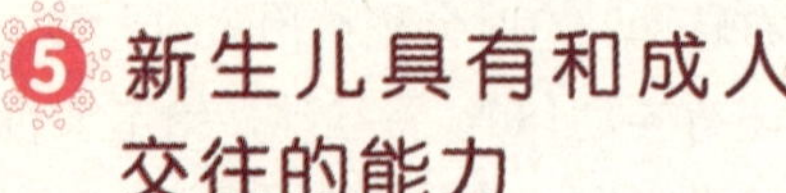

5 新生儿具有和成人交往的能力

新生儿和父母或看护人交往的重要形式是哭。这些正常新生儿的哭有很多原因，如饥饿、口渴、尿布湿等，还有在睡前或刚醒时不明原因的哭闹，一般在哭后都会安静入睡或进入觉醒状态。新生儿父母经过2～3周的摸索就能理解小儿哭的原因，并给予适当处理。新生儿还用表情，如微笑或皱眉及运动等，使父母体会他们的意愿。过去认为在父母和新生儿交往中，父母起主导作用，实际上是新生儿在支配父母的行为。

6 新生儿的运动能力

胎儿在子宫内就有运动，即胎动。出生后新生儿已有一定活动能力，如新生儿会将手放到口边甚至伸进口内吸吮。四肢会做伸屈运动，当您和宝宝说话时，宝宝会随音节有节奏地运动，表现为转头、手上举、伸腿类似舞蹈动作，还会对谈话者皱眉、凝视、微笑。这些运动和语言的韵律是协调的，有时宝宝手试图去碰母亲说话的嘴，实际上宝宝是在用运动方式和成人交往。新生儿还有一些反射性活动，如扶起新生儿直立时会交替向前迈步，扶坐位时头可竖立1～2秒，俯卧位有爬的动作，口有觅食的活动，手有抓握动作，甚至有抓住成人的两个手指使自己直立的能力。

7 新生儿的模仿能力

新生儿在安静觉醒状态，不但会注视你的脸，还有模仿你脸部表情的能力。当面对面和宝宝对视时，你慢慢地伸出舌头，每20秒钟一次，重复6～8次。如果宝宝仍注视着你，他常会学你的样，将舌伸到口边甚至口外。宝宝还会模仿其他脸部动作和表情，如张口、哭、悲哀、生气等。不模仿的新生儿也是正常的，只是他们不愿意和你玩这种游戏罢了。

三、新生儿潜能早教课

听觉训练 用摇鼓或摇铃在宝宝耳边轻轻摇动，宝宝听到铃声可转向铃声方向。

视觉训练 用一个红球放在宝宝的眼前，引起宝宝两眼注视，并可慢慢移动，使两眼随红球方向转动。

触觉训练 当乳头触及宝宝的嘴边，宝宝会做吮吸的动作。抚摸宝宝的皮肤，宝宝会露出舒服的微笑。

发音训练 要经常和宝宝讲话，虽然宝宝听不懂，但听到父母的讲话声、笑声，宝宝会感到舒适、愉快。

抓握训练 把有柄的玩具塞在宝宝手中，让宝宝练习抓握。

动作训练 洗澡后，室温保持27℃，给宝宝做被动操，使宝宝手足运动2～3分钟，有时也可训练宝宝俯卧，使其抬头，但时间应控制在几秒钟之内。

四、与宝宝多交流

每位爸爸妈妈都希望自己的宝宝能够聪明又可爱，而在培养宝宝的过程中最重要的一条就是多交流，所以爸爸妈妈一定要多和宝宝交流。

1 哭是宝宝的主动交流

新生儿由于太小还不会说话，与人交往的一个重要的方式就是哭。新生儿哭的原因很多，如饥饿、口渴、尿布湿了、冷了、热了等，还有些睡前或睡醒时不明原因的哭闹等。

健康正常的宝宝往往哭声响亮婉转，而生病了或不舒服的宝宝哭声则无力、高、尖、沙哑……作为父母在与宝宝的交往中，要细心地分辨出不同哭声所代表的不同要求，并要合理地给予满足。

2 相互注视交流

在觉醒状态下与宝宝眼对眼的注视是互相交流的开始。

当新生儿看到母亲亲切的面孔时，他的眼睛就不再东张西望，也不再发呆或昏昏欲睡，他会极力张大眼睛，把注意力集中在妈妈脸上。

当妈妈抱起宝宝面对面注视时，可以用温柔的语言和宝宝在注视中亲切地交流，并与宝宝说："宝宝看到妈妈了吗？""宝宝笑一笑"……这时宝宝可能会像很懂事似地凝视着你，听你喃喃说话。

在与宝宝眼对眼注视时，最佳距离为20厘米～30厘米。妈妈还可以一边说话，一边慢慢移动自己的面部，让宝宝的头和眼球随你而转动。

别看这个动作轻而易举，却有着重大的意义，它能够锻炼宝宝的敏感性，通过经常的训练更有助于宝宝的智力开发和感觉发展。

3 喂奶和换尿布时的交流

当妈妈在给宝宝喂奶时，微笑着对宝宝说："宝宝吃奶好不好""我的宝宝真乖哦"等。有时会停止吸吮或改变吸吮的速度，这说明宝宝在听妈妈讲话或者懂了妈妈的意思。

如此时间一长，宝宝有时会闻到奶香，寻找奶头获得奶水，有时还会张开小嘴露出短暂的微笑。因为经过了胎内十个月的交往，宝宝知道妈妈是自己最可亲的人了。

4 肌肤交流

在哺乳时，要尽量与宝宝肌肤相亲，使宝宝感受到妈妈的怀抱是他最安全的场所。如此他会安静的满足于这种依恋，并形成早期记忆。吃母乳的宝宝，只要妈妈每次用固定的姿势抱他，宝宝就会主动寻找乳头。

此外，如果爸爸妈妈经常轻轻抚摸宝宝的小手，传递爱意的同时还能让宝宝感受到皮肤的触觉，还能有利于他们的抓握反射，提高宝宝的灵敏度。

五、影响宝宝智力的因素

家长对于宝宝的智力培养都比较重视，甚至不惜一切代价为孩子报各种各样的补习班，试图提高孩子的智力，但是却忽略了生活之中影响孩子智力最重要的几大因素，以下就来详细的了解一下。

1 饮食不当

有些家长要求宝宝与大人“同吃”，疏忽了宝宝的特殊性，也会影响宝宝的智力发育。如味精，对成人是安全的，但对儿童有害。因为味精的主要成分谷氨酸钠易与锌结合成不易溶解的谷氨酸钠锌，造成宝宝缺锌而影响脑发育。再如素食，对成人很有利，可以防止高血压、糖尿病、冠心病等，但儿童脑发育离不开脂肪，特别是一些特殊脂质（如22碳6烯酸等，又称脑黄金），这些脂质只在肉类等荤食中最丰富，故给宝宝吃素将会降低他的智力水平。

对策 尽量给宝宝少吃味精和甜食，食谱结构力求平衡，荤素要搭配好，鱼、禽等健脑食物也应适当安排。

2 乱逗宝宝

父母或亲友为向宝宝示爱而逗其玩耍，本是情理之中。但有的人逗法粗暴，如逗得婴儿大笑，甚至发生瞬间窒息，损伤大脑。再如高抛婴儿，由于婴儿头部较重，颈部肌肉软弱，高高抛起后易使宝宝头部震动。

对策 为了宝宝健康安全，谢绝一切危险的逗玩方式。

3 肥胖

宝宝肥胖不仅易生病，而且扼杀智力。超过正常体重20%的肥胖儿与同龄正常儿童比较，其智商与后者相差悬殊，前者的视、听感觉与接受知识的能力均处于低水平状态。

对策 调整宝宝的饮食结构，减少脂肪量，注重睡眠，多运动，减轻体重。

4 有害元素

有害金属元素是隐藏在生活中的智力“杀手”之一，尤以铅、铝危害最大。

研究证实，宝宝体内只要达到每10毫升血浆含铅5毫克～15毫克的水平，即可造成发育迟缓和智力减退。那么，铅是如何带入宝宝体内的呢？专家列举以下途径：幼儿舔食含铅颜料的玩具；用聚乙烯塑料袋包装儿童食品；常给宝宝吃皮蛋、爆米花、罐装食品或饮料；宝宝经常在公路边玩耍吸入汽车尾气；父母当着宝宝的面吸烟；室内煤气不佳等。

在损伤智力方面，铝与铅实为“一丘之貉”，饮用明矾处理的自来水，食用铝制炊具烧煮的饭菜，常吃油条、面包、蛋糕、粉丝等含铝膨松剂的食物等容易遭受铝的侵害。

对策 断绝上述有害元素的侵入渠道，多吃新鲜水果、蔬菜和富含钙、铁及维生素C的食物，不仅以减少铅、铝的吸收，还可以促进侵入体内的有害金属及时排出。

5 一氧化碳

一氧化碳是一种有毒气体，当其在空气中的浓度达到35%时，大脑细胞的新陈代谢直接受到抑制，而妨碍大脑发育，造成宝宝智商低下。

更糟糕的是我们经常要和它打交道，如普遍使用的管道煤气，燃烧时产生一氧化碳；直排式燃气热水器，直接将废气排在室内；室内生煤炉取暖或做饭，一氧化碳也可达到有害浓度；家用煤气灶具、管道设备损坏未能及时修理，导致一氧化碳泄漏等。

对策 尽量减少产生一氧化碳的来源，室内定期开窗换气，避免室内一氧化碳达到有害浓度。

六、幼儿成长七大早教法

幼儿对生活的认识往往是由浅而深的，毕竟没有一个孩子生下来就学会游戏，这需要孩子们一步一步的来学习，其实让孩子学知识也是一样的，下面为大家介绍一些早教方法。

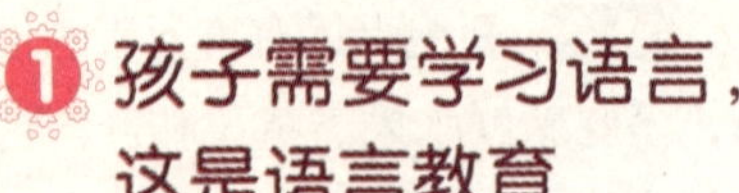

1 孩子需要学习语言，这是语言教育

婴儿一出世，最迫切需要学习的，就是语言。生下不久，父母一抱上孩子便对他说话，其实就是教他语言。学习母语，对一般的孩子来说，都不成问题。

正常的孩子，不到6周岁，都能运用母语应付日常生活中遇到的各种状况。除了母语，孩子还应学一门外语，首选自然是国际语言——英语。精通英语可以扩大一个人的视野，提高一个人成就的上限。

学习英语显然也和学习母语一样重要和迫切！为什么说迫切呢？因为语言是一种很奇怪的能力，越早学习，学习的效果越好。学习晚了，不仅学得辛苦，而且很难学好。还有，对幼儿来说，同时学习多种语言，不会互相干扰。因为对幼儿来说，每一种语言都是外来语。另外，孩子学习语言，对他来说，是游戏，不是功课。

2 孩子需要认识生活环境，这是知识教育

孩子所有能接触到的人、物和现象，他都好奇。最早，孩子对环境做到能区别就够：这个人是妈妈，这个人是爸爸，那个人是叔叔，那个人是阿姨；这是桌面，这是椅子，那是床；这是汽车、这是火车、那是飞机、那是船。孩子逐渐长大，对环境的认识增多了。孩子的好奇心扩大得很快，有些孩子还未认识家、学校和他的国家，他就要认识地球和宇宙了。孩子还会好奇过去和未来，好奇森林里的鳄鱼和蟒蛇，也好奇要靠显微镜才能看到的细菌和原子。

孩子在很小的时候，已经感觉到环境可以利用；哭了，大人会着急，因此知道哭可以给他带来方便；火是烫的，最好远远躲开，但是在火炉里，可以炒菜、烧开水；坐着汽车可以去公园玩，这是孩子最初对环境的利用观念。孩子认识环境越多，他就越想控制和利用。

这就是科学发明的起源。孩子对环境的观察和认识，片面而且肤浅，深入的认识就非靠读书不可了。孩子对他生

活的环境认识越多，他越有自信。帮助孩子有计划、有选择地观察和认识生活环境，鼓励他阅读，孩子将会自信地进入成人世界。

3 孩子需要发展想象世界，这是创意教育

孩子整天玩玩具，他不觉得寂寞，为什么？因为他觉得玩具是有生命的，他认为玩具是他的朋友，玩具和他一样，会饿、会渴、会哭、会笑。孩子读童话故事，或者听大人讲故事，他很快融入情节中，故事里的人就他自己，或者是他的好朋友。童话故事对孩子来说，不是幻想，是真实的故事。幻想是孩子的世界。孩子的幻想不是逃避现实。孩子从幻想游戏中，学习语言，认识环境，学习做人做事。

幻想对孩子的长大有重要的意义，孩子的幻想就是人类的梦想。幻想是创作和发明的开始，反应迟钝的孩子幻想世界很窄。孩子的幻想，需要父母的刺激和鼓励。为什么有些大人会觉得单调、乏味？很简单，他童年的幻想世界太窄，因为他少听少读童话故事，而狭窄了他的想象世界，长大成人后，自然显得较少创意，让人感到他单调而乏味。显而易见的，多读童话故事，可丰富孩子的幻想世界，增强孩子的能力。

4 孩子需要学习做做事，这是品格教育

怎样和自己相处，怎样和别人相处，怎样和环境相处，这是做人。事情要怎样进行，才容易达到目标，这是做事。懂得做人做事，他愉快，别人也愉快；相反的，不会做人做事的，他难过，别人也难过。和自己相处困难吗？当然，许多大人到老都不懂得怎样和自己相处，自己都不喜欢自己。不喜欢自己的人，表示他不能和自己相处。和别人相处得好也不容易。动作、说话少考虑别人，多考虑自己的，在大人世界里处处可见。这种人也许自己不觉得什么，但是别人会讨厌他。和环境相处得好更不容易，因为环境有所抱怨的话，不会马上反应，不会马上给你脸色。

当你发现环境不高兴的时候，你几乎没有时间后悔了。随便丢垃圾袋，随便砍掉一棵树，不节省用水，不节省用电，不节省用纸……都是和环境作对的行为。人和人在一起，游戏或者工作，都不免有冲突。什么时候坚持己见，什么时候让步，怎样让步，让多少，这是很难的决定。做一件事情，如果纯粹只是一个人的，不妨埋头苦干，不用理会别人。但是一牵涉到别人，你就要考虑别人怎么想、怎么讲。这些都是做人做事困难的地方。做人做事

的问题，随着年龄的增加，会越来越困扰着孩子。父母应该帮助孩子、教导孩子学习做人做事。

5 孩子需要认识人生，这是生涯教育

孩子要长大，最后要成为能独立生活的大人，因此，在童年的时候，多认识不同的人生，不是哲学上的考虑，而是实际上的需要。“我长大要做什么？”这一个问题并不困扰着孩子，孩子认识人生，是从看卡通片和电视连续剧，讲故事和连环漫画开始。故事中的主角（王子或者美丽的公主）就是孩子最早认同并想模仿的对象，而主角的冒险经历和神奇遭遇，就是孩子最早想要体验的生活。

孩子上学后，课本上的大人物，伟大的科学家、伟大的将军、伟大的艺术家、伟大的政治家是他们另一个想模仿的对象。

当孩子向往的目标锁定于有限的几种之后，对他自己，挫折将多于鼓励。显然，父母有责任告诉孩子：人生之路百条千条，条条道路认真走下去，路上都有许多动人、感人之处；所谓“行行出状元”就是这种意思。尊重别人的选择，努力于自己的方向。只有人生认识广泛的人才有这样胸襟。

6 孩子需要培养智慧，这是思想教育

有人累积了许多经验，但是他不能从中得到教训；有人读了许多书，但是他不能从中得到心得；有人获得各方的消息，但是他不能分析和判断；有人现象呈现在他面前，但是他不能看出意义，这种人，我们便说他缺乏智慧。什么是智慧？智慧，简单说，就是创造新东西，创造新观点的能力。他不但比别人能更快从现象中、消息中、知识中、经验中读出不同的意义，而且能从中发展出新的技术、新的发明、新的作品、新的观念。

创意是智慧的表达。许多人认为智慧是天赋。不错，有一些人的确比另一些人有创意而被认为有智慧。但是，智慧大部分还是靠后天训练来的，和语言的能力一样。训练孩子的智慧，要从小开始：指导孩子怎样观察事物；和别人有不同的发现、看法和做法的时候，鼓励他表达出来，做出来。训练孩子的智慧，当然要由小而大，由易而难。孩子小小的发现，小小的发明，小小的心得，家长都要加以鼓励。获得肯定是孩子继续努力的原动力。

7 孩子要培养幽默感，这是气质教育

滑稽常常被看作是幽默。会说调皮话的人，会说笑话的人，善于讽刺的人，常常被看作是有幽默感的人。这些虽然和幽默感沾上边，但还是不能正确地说明什么是幽默感。

什么是幽默感呢？幽默感就是使心情恢复宁静的能力；幽默感对一个人的作用，很像弹簧对汽车和飞机的作用，汽车有了弹簧装置，才能在不平的道路上行驶，上下震动不会过于剧烈。飞机有了弹簧装置才能安稳着陆，不致摔坏。幽默感不管对自己、对别人都是润滑剂。当你沮丧时或狂热于某些事情上的时候，幽默感将平抚你的情绪，而回到平日的宁静。

和有幽默感的人相处，富于智慧是你最直接的感觉，他的智慧放出来的，是清风，不是熏风，是清泉，不是烈酒；他的智慧不叫你太悲伤、太悲观，也不叫你太兴奋、太乐观。幽默感是一个人最高尚的气质，是一个人人生最高的境界。这种气质怎样培养呢？和培养智慧一样，可以从训练得来。从小训练，从小事训练，从小处训练；多阅读，多观察，多思考是训练的内容。

幽默感是人生态度，所以必须从小训练，严肃紧张的孩子长大成人之后也一样严肃紧张。一个人的人生态度、个人气质形成后是很难改变的。从小事训练，从小处训练，目的在于把幽默感变成孩子的生活习惯，并内化成孩子的气质。

七、幼儿智力开发误区

对于孩子智力的开发一直以来都是家长们所关注的问题，开发宝宝的智力，家长们不可以盲目的行动，而是要根据科学的方法，采取正确的教育，以下就让我们来详细的了解下幼儿智力开发的几大误区吧！

1 认为左脑的重要性大于右脑

其实分布在左脑的重要功能有两个，一个是语言功能，一个抽象逻辑思维功能。这两个功能对我们在如此依赖言语、文字交流的社会中生存，及需要学习理性科学知识来说，的确非常重要，不过要让这个能力真正有效使用就得依靠右脑的综合分析、整合并与环境协调的能力。左脑能读懂和理解每个文字，却不能明白文字与言语之间的关联，理解一篇文章或一段言语要右脑功能参与才行。而抽象逻辑思维能力像一个砌墙砖的工人，如果没有右脑为他设计出房子的结构，那他只会砌墙，却得不到房子。

举个例子：语言就像钱币，在没有钱币前，我们拿50斤谷子去市场上交换，要思考特别多，如50斤谷子能换来什么，哪个是我急需的，哪些更划算，满脑子都不会闲着。如果有了钱币，我们只关心能卖一个好价钱就可以了，需要大脑冥思苦想的内容并不多。孩子需要动用全部的神经细胞来工作，因为大脑有3～4亿个神经细胞，幼儿出生以后，这些神经细胞都在等待任务，等待更多的信息刺激。

把孩子放在不同条件的环境，就会让不同的细胞兴奋。10～15个细胞会形成一种信息反射丛，稳定地处理一个信息，并终身只服务于同一个信息。语言的进入会把一种形象的思维变成抽象概念思维，动用的脑细胞会大大减少，脑力的水平也相应下降。

其实人类的思维从来都是图像的、意识流的、意象的，不是言语的，只是我们想理解我们的思维时，言语才起到作用。把那些可言语的部分用言语表达，慢慢就把不可言语的内容就丢掉了。所以，能说出来的思维并不是人本体的思维。

2 智力越早开发越好

如果这句话是指右脑的开发，那就没有什么错误，问题是市面上大部分早教的产品都是针对左脑开发的，或者是在人文与社会范畴去思考让幼儿更快地适应环境。这些教育可以增强孩子的社会适应力，却不一定增加智慧。大自然蕴含的信息是丰富多彩的，是专门为所有的生命系统准备好的。人类不管怎么做都不如带孩子回到自然的怀抱中。

中国有个成语叫拔苗助长，过早的教育可能欲速则不达。生命系统总是从最古老的状态开始循序渐进地发展，看看胎儿在子宫里演绎了4亿年生命的进化过程你就知道，大脑的神经丛、脊髓、延髓慢慢长成，之后是右脑的丰满，最后才是左脑与皮层发展。神经解剖学告诉我们大脑皮层只有一个5分硬币的厚度，薄薄的一层，能在生命和生活中起的作用不会很大。

现在大量的儿童智力发展机构在研究，我们怎样在儿童的初始期，也就是2岁以前，在他未形成人类文化分类和抽象思维时，给予孩子更多的右脑刺激和知识模型的刺激。全球有很多国家在发出这样的声音，不要过早刺激左脑。

我们的研究发现，人要承受未来的复杂性科学。人类现在的科学是一个静

态科学，或者是初始动态的科学，它并不能真正影响这个世界，我们总是抽象出一个东西来，把它当成科学，但是现实中它又不存在。我们相信未来的科学发展一定是一种复杂性、非线性结构、非因果关系的，这种科学是动态科学。什么是动态和静态？我们从深圳到广州，我们的科学会告诉我们，我们乘坐的交通工具开多少时速就可以在什么时候到达广州，这是科学，是理性结构得出的结论，它说你可以2小时15分到达广州，事实上没有人能做到。科学是抽象出来的一个静态，不管什么科学都需要在实践中校正和改正，尤其是关于儿童方面的。儿童的学习大部分是来自内部，由他的视觉、知觉模型生成，不是靠文字阐述的线性逻辑，但线性逻辑对儿童形成知觉模型是有影响的。知觉模型不是抽象的，是以真实的方式发展儿童的知觉，就像儿童看妈妈的脸是不需要判断和逻辑推理的，感觉就可以了。知觉模型的内容比较深，这都是科学研究的结论。

3 只要有正确的教育方法，你的孩子就会变得聪明

其实并不是所有的孩子都适应同一种教育方式。中国的教育存在很多问题就是因为假定孩子都是一样的，没有采用西方的因人施教的补偿系统，很多孩子学习不好不是不聪明，而是难以适应所处的教育环境与施教方式。每个家庭都隐含着很多信息系统，一种好的智力引导方式应当在自己的家庭中去寻找，并结合一些孩子喜欢并易于接受的其他方式。

图书在版编目（CIP）数据

斯瑟蒂克胎教真经：决定孩子未来的神奇胎教/夏秀娟主编.—北京：中国人口出版社，2012.5
ISBN 978-7-5101-1191-4
Ⅰ.①斯… Ⅱ.①夏… Ⅲ.①胎教-基本知识 Ⅳ.①G61

中国版本图书馆CIP数据核字（2012）第076178号

最神奇、最系统、最有效
的胎教经典

斯瑟蒂克胎教真经

夏秀娟 主编

出版发行 中国人口出版社
印　　刷 北京睿特印刷厂大兴一分厂
开　　本 710毫米×1020毫米　1/16
印　　张 14
字　　数 120千字
版　　次 2012年9月第1版
印　　次 2012年9月第1次印刷
书　　号 ISBN 978-7-5101-1191-4
定　　价 28.80元

社　　长 陶庆军
网　　址 www.rkcbs.net
电子信箱 rkcbs@126.com
电　　话 (010)83519390
传　　真 (010)83519401
地　　址 北京市宣武区广安门南街80号中加大厦
邮　　编 100054

版权所有　侵权必究　质量问题　随时退换